DE QUE SE TRATA?

Blucher

DE QUE SE TRATA?

Uma resposta possível

Héctor Alberto Krakov

Tradução

Romina J. Alves

De que se trata? Uma resposta possível
Título original: *¿De qué se trata? Una respuesta posible*

Publisher Edgard Blücher
Editor Eduardo Blücher
Coordenação editorial Jonatas Eliakim
Produção editorial Luana Negraes
Preparação de texto Andréa Stahel
Diagramação Guilherme Henrique
Revisão de texto Bonie Santos
Capa Leandro Cunha
Imagem de capa Part of Freuds Manuscript of Ratman (1909), via Wikimedia Commons

Blucher

Rua Pedroso Alvarenga, 1245, 4º andar
04531-934 – São Paulo – SP – Brasil
Tel.: 55 11 3078-5366
contato@blucher.com.br
www.blucher.com.br

Segundo o Novo Acordo Ortográfico, conforme 5. ed. do *Vocabulário Ortográfico da Língua Portuguesa*, Academia Brasileira de Letras, março de 2009.

Dados Internacionais de Catalogação
na Publicação (CIP)
Angélica Ilacqua CRB-8/7057

Krakov, Héctor Alberto
De que se trata? : uma resposta possível / Héctor Alberto Krakov ; tradução de Romina J. Alves. – São Paulo : Blucher, 2021.
192 p. il.

Bibliografia
ISBN 978-65-5506-210-6 (impresso)
ISBN 978-65-5506-211-3 (eletrônico)
Título original: *¿De qué se trata? Una respuesta posible*

1. Metapsicologia 2. Psicologia – Casos clínicos 3. Cura psicanalítica 4. Psicanálise I. Título. II. Alves, Romina J.

21-2062 CDD 155

Índice para catálogo sistemático:
1. Metapsicologia

Para meus netos, Clara e Tobias

Conteúdo

Prólogo I

Ler um livro suscita expectativas; estabelecer um compromisso com a leitura é uma responsabilidade; poder se aprofundar em conceitos psicanalíticos quando tudo parece lido e relido, apelando para a criatividade, é um convite cativante.

Há quem distinga, na tradição grega, a obra do escritor como *poiésis* – ação – e seu resultado como poiema – ato, obra.

A raiz *poe* significa criar, e *poema*, do grego *poieo*, remete a uma produção baseada em imagens resultantes de relações descobertas pela imaginação e pela linguagem. Seria possível dizer que existe uma relação peculiar entre imaginário, simbólico e real, enquanto as relações descobertas pela imaginação denunciam a inexistência de uma substância de imagens, tratando-se de um vácuo que o poeta sabe como preencher.

O livro do dr. Krakov nos interpela desde a pergunta do seu título, o que faz com que, ao terminarmos de ler, ensaiemos ou tentemos uma resposta para uma pergunta que parece simples, que parece não conotar com nada que incomode, mas convida à leitura e ao desejo de responder.

Lacan (1955-1956/1984), em *Função e campo da fala e da linguagem em psicanálise*, diz que a análise tem como objetivo "o advento de uma palavra verdadeira e a realização pelo sujeito de sua história em sua relação com o futuro" (p. 290). Esse fim conforma uma dialética oposta a toda orientação que faz da análise algo objetivo; ler o livro implica saber que iremos entrar em uma dialética que para alguns será de resposta, enquanto para outros irá resultar em novas perguntas.

A ordem que conduz o leitor outorga a segurança que o autor oferece, de nos acompanhar de mãos dadas a um estado de profundidade que nos submerge em dirigir um olhar à clínica, desde diferentes quadros teóricos, e nos convida a não deixar de ler o livro, a não parar.

Poder conjugar o campo psicanalítico com o quadro teórico vincular soma e atrai o pensamento a respeito da inter-relação das teorias.

O esforço é maior porque o livro propõe conjeturar as teorias a partir da práxis, ou seja, as teorias a partir da clínica. Tarefa válida tanto para nós que estamos submersos nessas leituras e o acompanhamos com anos de clínica quanto para principiantes que se atrevem a ler e incorporar a experiência de um grande profissional à sua tarefa cotidiana.

É preciso saber, então, como responder ao sujeito em análise, e isso fica muito bem esclarecido nos capítulos dedicados a casos clínicos.

Para esse fim é bom refletir a respeito de uma das observações feitas por Lacan, aqui é que se deve

> *reconhecer primeiramente o lugar onde se encontra o ego [do analisante], esse ego que o próprio Freud definiu como ego formado de um núcleo verbal, ou seja: saber por quem e para quem o sujeito coloca sua pergunta. Enquanto não se sabe, corre-se um risco de contrassentido sobre o desejo que haverá de ser reconhecido ali e sobre o objeto ao qual esse desejo se dirige.*

Trata-se disto: de dirigir e de escutar a pergunta que surge das entrevistas, de poder responder-nos para que serve que esse sujeito se analise, pergunta que será respondida ao longo das sessões, mas que não deve deixar de ser desvendada.

As inscrições que fazemos de nossos sujeitos pacientes são do outro como tal e não como objeto de análise.

Responder à mesmidade ou à outridade é um desafio colocado ao longo do livro, e que resulta muito bem cuidado pelo autor.

Quando falamos em sujeito, dizemos também que na experiência analítica – e para que não seja interminável – deve ser construído um dizer que é próprio de cada sujeito. Nesse ponto intervém precisamente a interpretação como uma operação cujo efeito é a produção de um saber.

Todo esse percurso de leitura, que cativa porque evidencia a seriedade do autor, seus anos de clínica, fica ao mesmo tempo fusionado com o grande dom que tem o dr. Krakov de ser um grande pedagogo, um visionário inovador, que faz com que este livro tenha um grande acréscimo que é poder ser interativo, mediante a tecnologia e graças aos leitores de códigos QR que permitem observar os gráficos da sequência "Mesmidade e outridade".

Os códigos que aparecem no livro direcionam a vídeos no YouTube nos quais se explicam os esquemas.

Essa proposta supõe que o sujeito é partícipe da leitura e não um mero espectador, visto que se envolve, pois intervêm as próprias emoções, convocadas pela percepção dos esquemas ativos.

Para concluir, pessoalmente, e para além do meu percurso na clínica, na pesquisa e na gestão, sou apaixonada pela docência, mas cada vez fica mais urgente a necessidade imperiosa de poder transmitir e chegar aos outros para que consigam levar à frente sua formação de modo sério e inteligente, e ao mesmo tempo atraente e estimulante ao aprendizado.

Expresso meu agradecimento ao autor por me permitir fazer parte deste projeto. Acredito, e não me engano, que estamos diante de uma experiência que vale a pena viver, ler, difundir e continuar por mais outros livros.

Apenas porque me parece um exemplo ilustrativo, me parece também fascinante, considerando as distâncias pertinentes, comentar que este livro é um presságio de um futuro imediato, e que me ocorreu à mente de forma rápida que no ano de 1955 Jorge Luis Borges prologou de maneira genial "As crônicas marcianas", de Ray Bradbury, texto que até hoje é lembrado:

> *Por seu caráter de antecipação de um futuro possível ou provável, o Somnium astronomicum prefigura, se não me engano, o novo gênero narrativo que os americanos do Norte denominam* science-fiction *ou* scientifiction, *e do qual são admirável exemplo estas* Crônicas. *Seu tema é a conquista e colonização do planeta.*

Sendo óbvia e esmagadora a semelhança com as tendências posteriores nos diversos gêneros, talvez assim resultem os próximos livros, e sempre iremos nos lembrar desta obra do dr. Krakov.

Dra. Gabriela Renault
Decana da Faculdade de Psicologia e Psicopedagogia da Universidad del Salvador

Prólogo II

O livro do dr. Héctor Krakov cativa desde o título. *De que se trata?* propõe uma resposta à pergunta com a qual André Green intitulou uma conferência em Milão, após o 42º Congresso da International Psychoanalytical Association (IPA), realizado em Nice, em 2001. Para respondê-la, o autor nos submerge diretamente em uma clínica intensa e comprometida de que dá conta por meio de numerosos fragmentos clínicos, expostos com agilidade e dinamismo.

Seu objetivo é convidar inicialmente o leitor para o encontro de material analítico em sessão. Apresenta em seguida um capítulo dedicado a sonhos, com o qual nos conecta plenamente com o material inconsciente; e essa abertura clínica complementa-se, no capítulo seguinte, com a exposição de sessões de dois pacientes tratados individualmente.

A seguir, Krakov nos fala a respeito do que considera "tramitar em ato" ligado à noção de "mudança psíquica". O que, para nosso autor, reflete justamente de que "se trata a psicanálise".

Ele nos diz que "os pacientes portam em si próprios um sujeito em devir, obstaculizado em sua expansão", e, com uma marcada base freudiana, sustenta que as alternativas da história inconsciente, travadas nas relações interpessoais, irão se instalando na transferência e, portanto, no vínculo analítico. Assim, segundo o autor, "os analistas somos convocados como especialistas em detectar e saber remover os obstáculos que impedem o desdobramento do sujeito inconsciente", e propõe, como hipótese central, que "a tramitação psíquica é realizada em ato com um outro".

Resulta importante a distinção que faz entre a noção de "outro" e a de "objeto". O "outro", na sua condição de real, "tem existência própria em uma dimensão diferente daquela do sujeito". É por isso que "a tramitação será feita em transferência, justamente no limite que permita diferenciar o analista na sua condição de outro e não de objeto".

Distingue duas fases da análise, sendo a primeira uma etapa "em ato" com o analista, na qual o paciente "nos fala" com o dizer e o fazer próprio em sessão. Posteriormente, na segunda etapa, recupera-se o que é colocado em ato por meio do processo de pensamento.

O dr. Krakov é generoso na sua demonstração clínica, tanto no que diz respeito a comentar material de outros colegas como no fato de expor sua própria clínica em detalhe, o que não deixa dúvidas sobre sua maneira de trabalhar como psicanalista. Cabe destacar que nesse aspecto há uma perspectiva didática para quem tiver interesse na clínica individual e de casal.

Em um item intitulado "Glossário", define os conceitos fundamentais para compreender seu posicionamento teórico, produto de sua experiência clínica com casais. Entre eles, há três termos originais que o autor estabeleceu para desenvolver seu arcabouço teórico: ancoragem subjetiva, resistências de vincularidade e mudança subjetiva. O material permite ao leitor focar o que, para Krakov, significa tramitar em ato com um outro.

Importa mencionar que este livro se abre a outra dimensão, que poderíamos denominar “futurista”, o que é uma demonstração do pensamento do autor.

Refiro-me ao começo do livro, que, em formato interativo, precede o livro clássico, contribuindo com uma visão panorâmica das escolas mais importantes em psicanálise. Isso permite visualizar os diferentes desenvolvimentos e contributos. O autor os apresenta como ampliações, em particular, da estrutura “superego-ideal do eu” freudiana. Esse desenvolvimento histórico lhe permite localizar “o lugar do narcisismo clinicamente abordável” segundo as diferentes escolas.

Finalmente, em função do título da sequência “Mesmidade e outridade: categorias teóricas de uma metapsicologia ampliada”, salienta-se o percurso que o dr. Krakov faz a respeito da emergência da teorização vincular, segundo seu ponto de vista, como parte do campo psicanalítico como um todo.

Nesse sentido, merece uma menção especial sua postulação sobre a inscrição do outro, em sua outridade, na vida psíquica, em tensão conceitual com a inscrição objetal, conforme a proposta da metapsicologia clássica. O formato interativo, mediante a inclusão dos códigos QR, resulta claro e divertido, quase como um livro em 3D, que acrescenta consistência a um texto complexo, mas explicado com a clareza de quem sabe o que diz e diz de que se trata.

Então, damos as boas-vindas a este livro original tanto na forma como no conteúdo.

Dra. Claudia Lucia Borensztejn

Presidente da Associação Psicanalítica Argentina (APA)

Maio de 2018

Introdução à edição brasileira

Desde a célebre pregunta de André Green – "De que se trata?" –, muitos analistas têm buscado responder como e o que a psicanálise trata naqueles que buscam um percurso psicanalítico. O dr. Krakov, renomado psicanalista argentino, passou os últimos vinte anos buscando responder a essa pergunta a partir dos mais diferentes vértices teóricos e clínicos. Este livro, de inestimável valor para o psicanalista clínico, começa por traçar um panorama metapsicológico ampliado das diversas escolas psicanalíticas em voga, com um enlace profundo com a teorização vincular, da qual o autor é tributário.

Visando escrever um livro de cátedra, Krakov inclui nele uma inovação particularmente interessante: depois de cada esquema gráfico, ao finalizar o parágrafo que o explica, existe um código QR. Ao ler o código no celular ou *tablet*, seu leitor o escaneia e abre um vídeo no YouTube. No vídeo monta-se novamente, e de maneira automática, a imagem, com a explicação do autor. Desse modo, o leitor tem uma ferramenta a mais para compreender e desenvolver a leitura das teorias explicadas.

Não bastasse isso, o dr. Krakov inclui uma série de materiais clínicos de pacientes individuais, de casais e de sonhos. Informado pela famosa escola argentina de análise de sonhos, o leitor estará assim a par de como se desenvolveu, desde Freud, a leitura inconsciente própria dos processos psicanalíticos.

Mas a cereja do bolo, a meu ver, aparece nas proposições de como conceber a mudança psíquica nos pacientes que tratamos em psicanálise! É aqui que o leitor, depois de conhecer a fundo as teorias que orientam os psicanalistas de hoje em dia, passa a tomar contato com as respostas que o autor traz para a pergunta de Green: "De que se trata?".

Em princípio, diferentemente do "sujeito do inconsciente", de raiz freudo-lacaniana vinculada à pulsão sexual, o autor propõe outra noção, que denomina de "sujeito inconsciente". Ele sustenta que estamos habitados por um "sujeito em devir", que está obstaculizado em seu desenvolvimento. O "tratar" psicanalítico está, portanto, ancorado no "detectar e saber remover os obstáculos que impedem o desdobramento do sujeito inconsciente". Não avanço mais para deixar que você, leitor, o descubra por si.

Dr. Sergio Nick

Vice-presidente da International Psychoanalytical Association (2017-2021)

Introdução

O título deste livro – *De que se trata?* – é uma pergunta que questiona a nossa prática clínica. Em outras palavras: como e por que um tratamento psicanalítico "cura". Trata-se de uma pergunta simples, mas ao mesmo tempo complexa, visto que, apesar da quantidade de propostas teóricas e desenvolvimentos conceituais das diferentes escolas de psicanálise, a pergunta, de minha perspectiva, ainda continua vigente.

André Green, o autor mais citado na bibliografia da International Psychoanalytical Association (IPA) depois de Freud, foi quem talvez tenha conseguido expressá-la com clareza (Lerner & Sternbach, 2007), intitulando desse modo uma conferência que ofereceu em Milão, depois do 42º Congresso da IPA.

Ele esclareceu, no começo, que sua exposição era consequência de ver o pensamento psicanalítico em um estado de perplexidade, razão pela qual se questionava a respeito de como superar aquela situação. Assim, depois de fazer um aprofundado desenvolvimento dos fundamentos da psicanálise, a partir de diferentes autores e escolas, suas frases finais tiveram sobre mim um grande impacto:

> *Conseguimos chegar até a Lua, deciframos o código genético, descobrimos um canto do mistério no que diz respeito ao infinitamente grande e ao infinitamente pequeno. E, no entanto, continuamos sendo, para nós mesmos, misteriosos desconhecidos, aquilo diante de que nos coloca a experiência psicanalítica ao longo do tempo.* E, enquanto refletimos, quer na nossa poltrona escutando os pacientes, quer diante da nossa mesa de trabalho para preparar uma conferência, não deixamos de nos perguntar: "De que se trata?" *(Lerner & Sternbach, 2007, p. 135, grifo meu)*

A pergunta, tanto no título do livro como no final de sua conferência, teve o efeito de uma convocatória, que culminou na realização de um trabalho de pesquisa conceitual que intitulei "Estudo sobre o conceito de *Agieren*" (Krakov, 2010a).

Hoje, sete anos depois de ter realizado o "Estudo", considero que estou em condições de oferecer uma resposta possível à pergunta.

Várias vezes me perguntei: por que agora? Sem sombra de dúvida, a elaboração conceitual que os analistas fazemos ao longo de nossa vida profissional, demanda uma enorme quantidade de tempo, grande parte da qual se passa de forma silenciosa. No meu caso, depois de ter sido docente de técnica psicanalítica durante mais de dez anos, consegui refletir, em um pôster com esquemas geométricos, uma pesquisa teórica intitulada: "Mundo intrassubjetivo - Mundo vincular. Uma pesquisa em psicanálise".[1] Dois anos depois, no 42º Congresso da IPA,[2] incluí ideias centrais dessa pesquisa em um trabalho que denominei "Método psicanalítico e clínica vincular" (Krakov, 2001b). Posteriormente, no ano de 2005, os esquemas

---

1 Apresentado na Associação Argentina de Psicologia e Psicoterapia de Grupo (AAPPG), em 1999.

2 Realizado em Nice, França, em 2001.

geométricos iniciais passaram a ser uma sequência gráfica interativa,[3] que tinha como título "Mesmidade e outridade: categorias teóricas de uma metapsicologia ampliada". Estavam incluídas nesse material as ideias originais do pôster de 1999, embora, na segunda parte, eu expusesse termos de minha autoria que eram efeito do meu trabalho com casais. Considero que o ponto de maior novidade conceitual que incluí na sequência foi ter proposto a inscrição do outro, como tal, na vida psíquica. Finalmente, durante os anos de 2012 a 2015, levei a cabo uma investigação teórico-clínica que culminou na minha tese de doutorado: *Ancoragem subjetiva em pacientes tratados psicanaliticamente em casal* (Krakov, 2015a).[4]

Realizei, até este ponto, o percurso da minha produção dos últimos vinte anos. Estou convicto de que nesse percurso se conjugaram e se potenciaram reciprocamente dois quadros teóricos. Um que provinha da minha formação como psicanalista individual, formado e pertencente à IPA, e o outro, como analista de casais, usuário da teorização vincular vigente em Buenos Aires.[5]

Tenho a clara intuição de que atualmente estou em condições de poder oferecer uma possível resposta à pergunta, e é justamente o que quero expor neste livro. Quem o ler poderá ter acesso, no começo, à sequência "Mesmidade e outridade: categorias teóricas de uma metapsicologia ampliada", desta vez em uma edição escrita. As

---

3 O projeto de excelência foi produto do trabalho com Rubén Longas e também faz parte deste livro. Sua intervenção foi fundamental na sincronização dos códigos QR, nos vídeos do YouTube e nas montagens automáticas das imagens que levam minha voz (na edição original, em espanhol).

4 Defendi publicamente minha tese na Universidad del Salvador em dezembro de 2015.

5 Faço referência à minha formação: inicialmente na Associação Psicanalítica Argentina (APA) e depois na Associação Psicanalítica de Buenos Aires (APdeBA), membros da IPA. Também, sobre o vincular, menciono meu pertencimento à Associação Argentina de Psicologia e Psicoterapia de Grupo (AAPPG) durante os anos de 1991 a 2010.

imagens incluirão um código QR,[6] com a finalidade de não perder o caráter interativo que a sequência tinha na versão online. O leitor de códigos QR, baixado como aplicativo em um telefone celular, poderá escanear o código, cujo link leva a um vídeo do YouTube. Ali vão aparecer as imagens do texto, desta vez com configuração automática e acompanhadas de uma explicação verbal.

O livro continua com temas sobre psicanálise individual: "Capítulo 1. Clínica individual: a emergência do material analítico em sessão"; "Capítulo 2. Relato dos sonhos em sessão: tomografias computadorizadas do mundo mental"; "Capítulo 3. Dois exemplos clínicos. Leandro e Hernán"; "Capítulo 4. Tramitar em ato e mudança psíquica".

A clínica vincular é introduzida no Capítulo 5, "Clínica vincular", que se subintitula "Referentes teóricos e clínicos na análise de casal". Estão incluídos dois exemplos de tratamentos de casal: de Estela e Juan e de Jazmín e Roberto.

Vou tentar oferecer "Uma resposta possível" no Capítulo 6. Tentarei justificar como responder à pergunta. Para tal fim vou retomar conceitos propostos nos capítulos anteriores a fim de salientar o que constitui meu modo de entender "De que se trata".

Para concluir, gostaria que o leitor se interessasse pelas ideias que exponho neste livro e se entusiasmasse com elas; a mesma coisa que ocorreu comigo na sua realização.

Agradeço, por fim, especialmente à minha colega Romina J. Alves, que realizou com enorme idoneidade profissional e cálido afeto a tradução do meu livro para o português, além de ter interpretado na sua voz a leitura dos códigos QR que constam na sequência "Mesmidade e outridade".

---

6 Expresso meu maior agradecimento a Daniel Feijó, editor do meu livro *Temas de pareja: conflictos – Hallazgos – Propuestas*, que me sugeriu a ideia de incluir os códigos QR ao ver a sequência gráfica.

Parte I

Mesmidade e outridade: categorias teóricas de uma metapsicologia ampliada

Apresentação

Esta apresentação é o resultado de uma investigação teórica em desenvolvimento, cujo propósito é identificar em que setor do corpo teórico geral pode ser concebida a emergência da *teorização vincular*, como uma extensão da *metapsicologia psicanalítica.*

Inicialmente, será exposta uma sequência de esquemas sobre aparelhos psíquicos, exatamente como foram modelados pelas diferentes escolas psicanalíticas.

Em um segundo momento, por meio das imagens, tentaremos identificar onde se localiza o narcisismo clinicamente abordável, conforme as escolas mencionadas previamente.

A continuação, mediante *um modelo de telescopagem*, propõe-se a compreender como estariam imbricados, uns com os outros, os diferentes *níveis teóricos* que pertencem ao *marco conceitual objetal*. É justamente nesse ponto que a teorização vincular apareceria, gerando um limite que tensiona a diferença entre *objetividade* e "*outridade*".

A sequência finaliza com uma proposta sobre como conceber o mundo vincular, em que *mesmidade* e *outridade* passariam a ser categorias inerentes à *ampliação metapsicológica* proposta, com fortes implicações tanto teóricas quanto clínicas.

A vivência de satisfação: a amamentação

Em "Projeto para uma psicologia científica" (1895/1950), Sigmund Freud postulou um sistema de registro com referência à mamada, o qual denominou *vivência de satisfação*. Para tal, discrimina no sistema nervoso central duas partes: córtice e medula, dividindo a primeira em duas zonas: *pallium* (ou *córtex*) e *núcleo*, áreas que irá denominar com a letra *Psi* (Ψ) e que passarão a ser, a partir desse momento, o âmbito do psíquico.

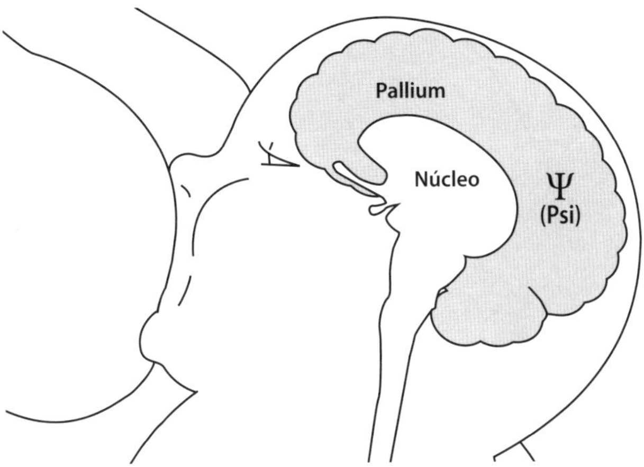

Ao *córtex* ou *pallium* chegam dois tipos de estímulos: a) os que provêm do *mundo exterior* e ingressam pelas vias de condução, denominadas *Fi* (Φ), e b) os estímulos que provêm do *interior do corpo* (fome, respiração e sexualidade), que chegam pelas vias endógenas de condução. Os primeiros são descontínuos, porque estão crivados pelos "aparelhos nervosos terminais" dos órgãos dos sentidos, a pele, as articulações e os músculos. Os segundos, uma vez que excedem certo limiar quantitativo, adquirem o caráter de estímulos contínuos que implicarão trabalho para a *Psi*.

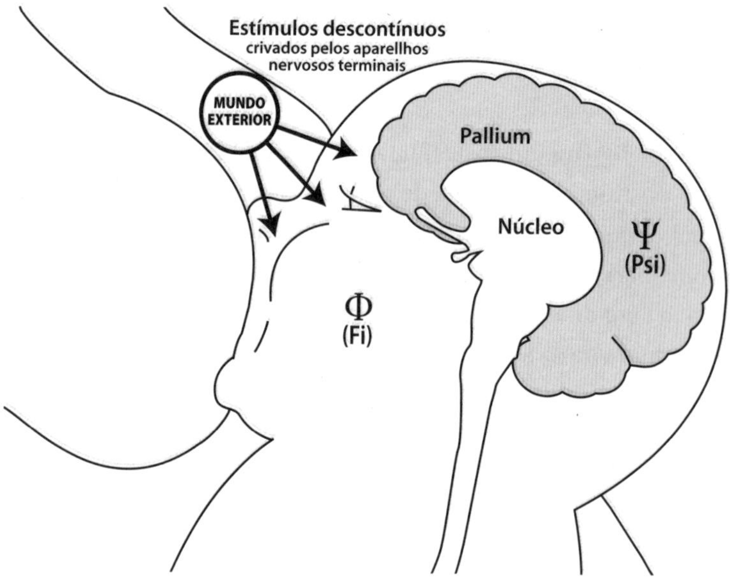

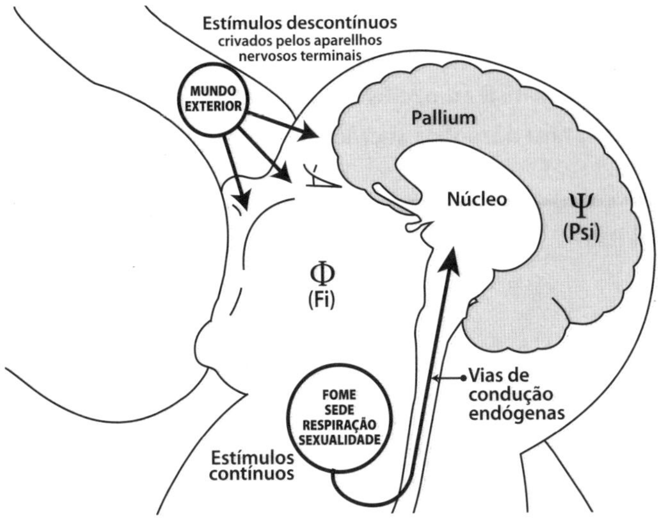

Sistema de múltiplo registro facilitado

A vivência de satisfação, modelada com a mamada, implicará um *múltiplo registro mnêmico.*

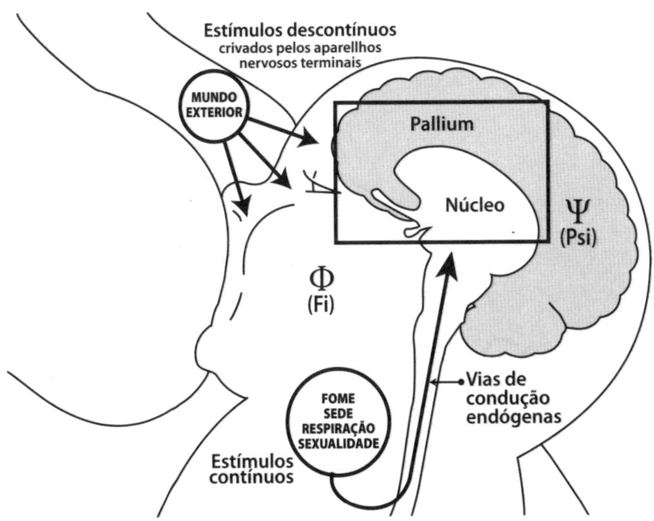

No *núcleo* se realizará o registro da tensão de necessidade, enquanto no *córtex* irão ficar registrados tanto o seio, na sua condição de objeto que satisfez a necessidade, como os movimentos reflexos que se ativaram durante a sucção e a deglutição.

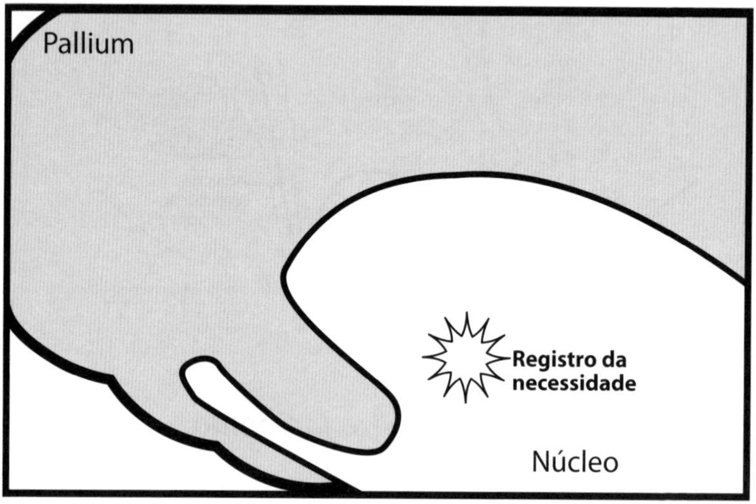

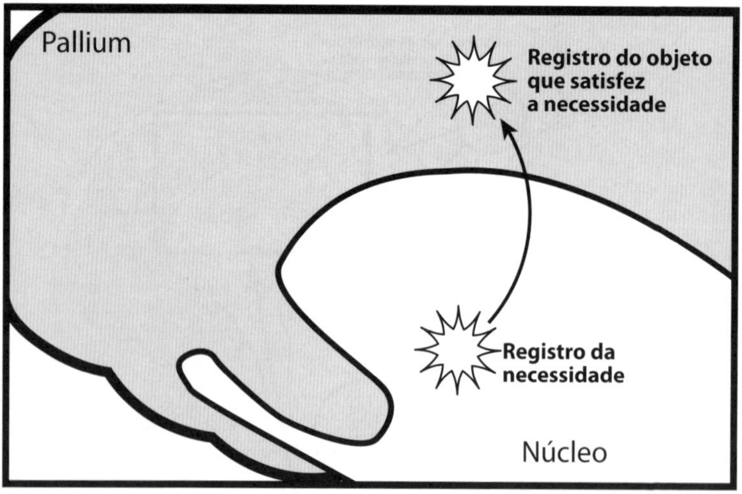

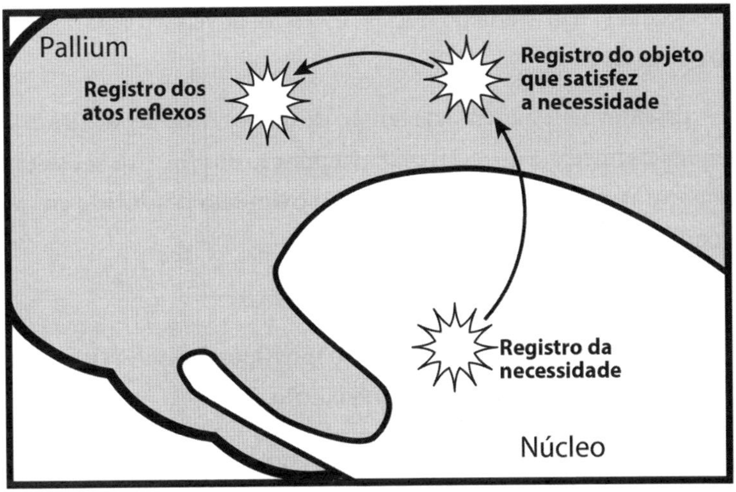

Por último, durante uma descarga duradoura da tensão, ocorrerá também uma transição da vivência de desprazer à de prazer em ω (consciência).

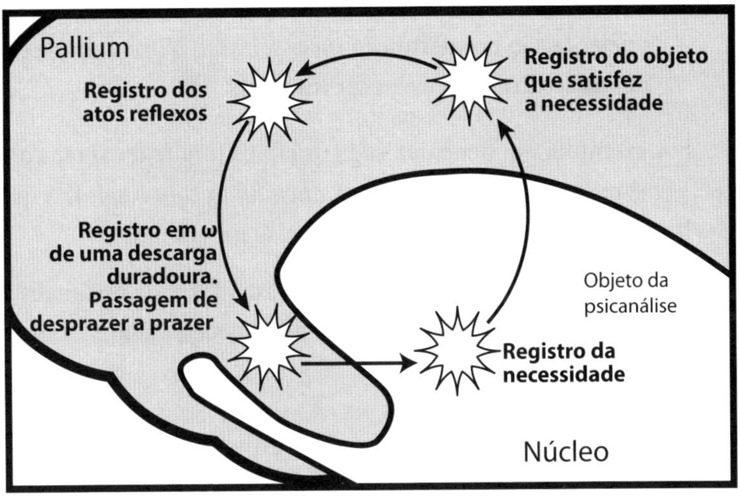

É importante salientar que se estabelecerá entre as três primeiras inscrições um circuito facilitado, de modo que uma nova tensão de necessidade, registrada no núcleo, investirá de maneira automática as outras duas.

Esse novo incremento da tensão de necessidade produzirá uma tendência imediata de recarregar a impressão do objeto de satisfação, por se tratar de vias facilitadas. Esse movimento produzido em ψ é denominado por Freud de "desejo".

Esse modelo acarreta três consequências:

- Fica evidente que o primeiro movimento em *Psi* (ψ), e protótipo do psíquico, é a *alucinação.*

- Os estímulos provenientes do contato com o objeto da satisfação e dos atos reflexos, que ingressam pelos *órgãos dos sentidos* e pela *pele*, se gravarão no *córtex* e serão passíveis de consciência.

- Aqueles que estão vinculados à *tensão de necessidade* e que chegam pelas *vias endógenas de condução* se gravarão no núcleo, e são por definição *inconscientes*. Nunca aparecem de modo direto e devem ser inferidos.

Por exemplo, um bebê que suga os lábios (*ato reflexo*) faz com que pensemos que está mamando (*alucinando com o seio*), o que nos leva a deduzir que tem fome (*tensão de necessidade*).

Na vivência de satisfação identificamos o "objeto da psicanálise", o qual diferenciamos daquele que satisfez a necessidade, o "objeto em psicanálise".

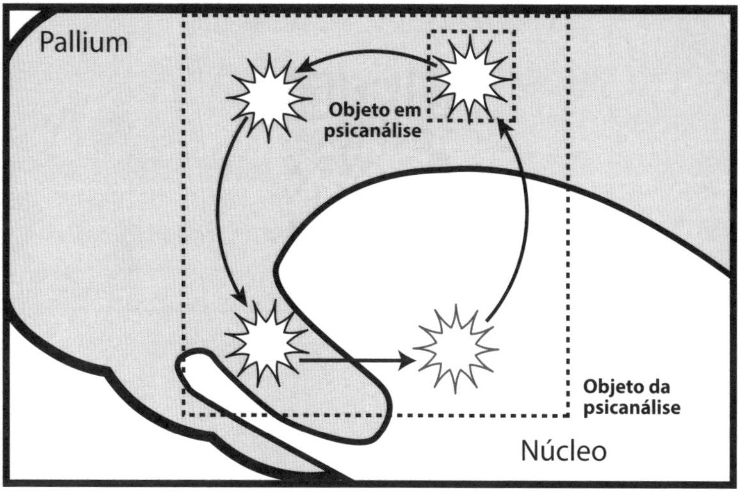

* A vivência de satisfação permite o contato com conceitos centrais do embasamento psicanalítico. O consciente aparece ligado ao aparelho sensório-perceptivo e aos órgãos dos sentidos. A consciência, parte do Poo P-Cc., em contato com o mundo exterior, permanece ligada ao temporal. Por outro lado, o inconsciente, a partir das vias endógenas de condução, será o local onde a pulsão terá primazia. Freud denomina desejo a tendência de recarregar o objeto que satisfez a primeira necessidade. Por isso, a primeira experiência em *Psi* (psíquica), por meio do desejo, é "alucinatória". Vale lembrar que o inconsciente, na obra, terá essas duas características: "a atemporalidade do inconsciente e sua capacidade de alucinação" (Freud, 1912).

* Dado que a sequência gráfica foi feita no início dos anos 2000, achei conveniente incluir minha concepção atual sobre determinados assuntos, tentando, na medida do possível, evitar distorcer o espírito da versão original. Esse critério também corresponde aos textos precedidos de asteriscos que vêm a seguir.

A vivência de satisfação: a amamentação

http://livro.link/kr01

O neurônio

O *sistema nervoso*, antes mencionado como *cenário da vivência de satisfação*, continua presente na infraestrutura dos modelos de aparelhos psíquicos iniciais idealizados por Freud.

Um neurônio é constituído de três partes: a) o *corpo celular*, onde ficam registrados os estímulos que o atravessam; b) os *dendritos*, pelos quais chegam as excitações nervosas; e c) o *axônio*, com suas ramificações terminais, pelas quais os estímulos se descarregam.

A circulação nervosa tem um caminho que vai desde os dendritos ao axônio, passando pelo corpo celular.

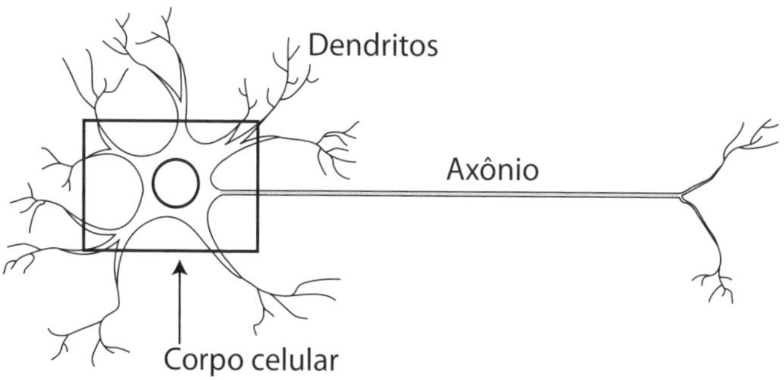

Em termos gerais, a estimulação ingressa pelos órgãos dos sentidos e pela pele e se descarrega pela musculatura lisa e estriada.

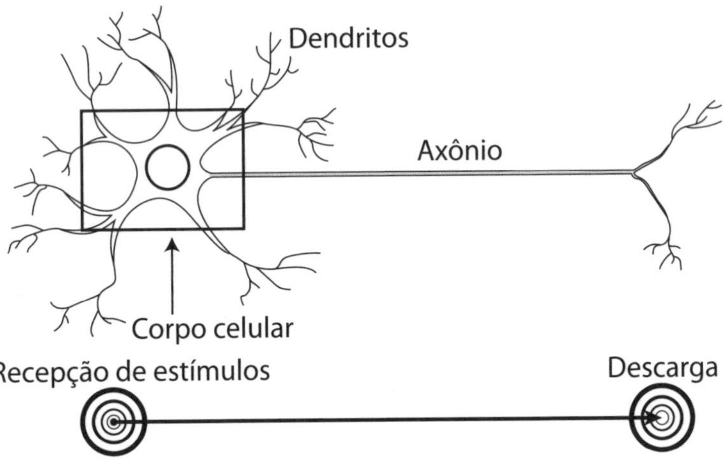

Vejamos como o neurônio subjaz no aparelho psíquico da primeira tópica.

Psicologia dos processos oníricos: a regressão

O esquema gráfico que ilustra "A interpretação dos sonhos" (Freud, 1899/1900) é o de um aparelho psíquico estendido.

Em um dos extremos do aparelho localiza-se o *polo P*, que corresponde à percepção, e no outro extremo o *polo M*, próprio da musculatura.

A estimulação psíquica ingressa pela percepção (*polo P*) e sai pela musculatura (*polo M*).

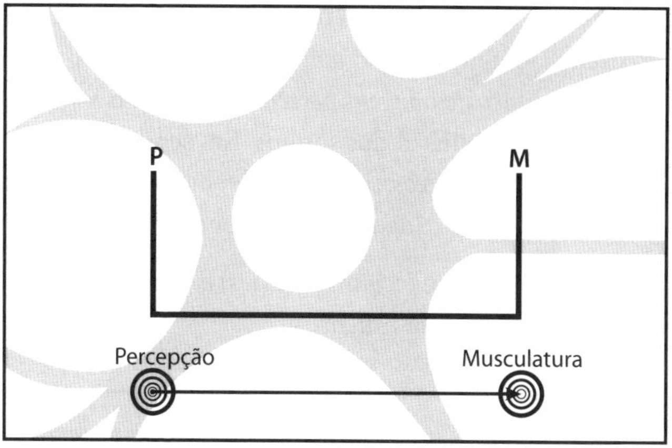

Entre ambos os polos se encontra o "*corpo do aparelho psíquico*", no qual se registra a excitação psíquica que transcorre nele. São as *Mn*, o material das marcas ou traços mnêmicos.

Apenas uma parte das *Mn* constitui o sistema inconsciente, o *Ics*.

No extremo final do aparelho psíquico situa-se o *pré-consciente* (*Pcs*).

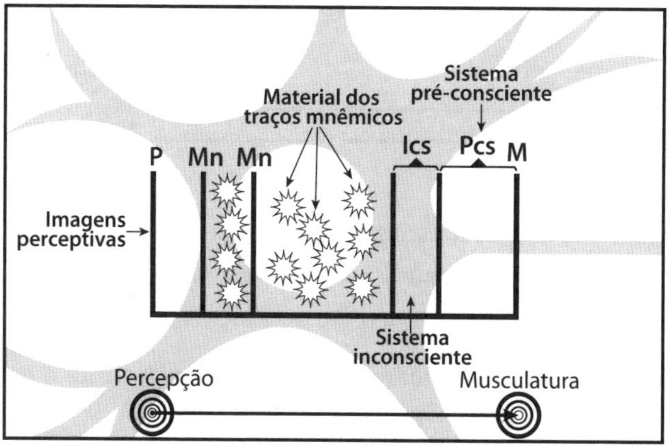

Os processos psíquicos pré-conscientes podem se tornar conscientes de maneira imediata se recebem uma recarga de intensidade ao serem focados pela "atenção".

Em síntese, o aparelho psíquico está funcionalmente constituído assim: a excitação ingressa pelo *polo da percepção* (*P*), produzindo um *arquivo mnêmico de imagens perceptivas*, que são as que vão ser utilizadas para o mobiliário dos sonhos. Em seguida, registra-se o material dos *traços mnêmicos*, segundo diferentes lógicas de inscrição (simultaneidade, sucessividade, similicadência e causalidade).

Fica situado o *sistema inconsciente* (*Ics*) e, logo, o *pré-consciente* (*Pcs*), no qual está incluída a *atenção*.

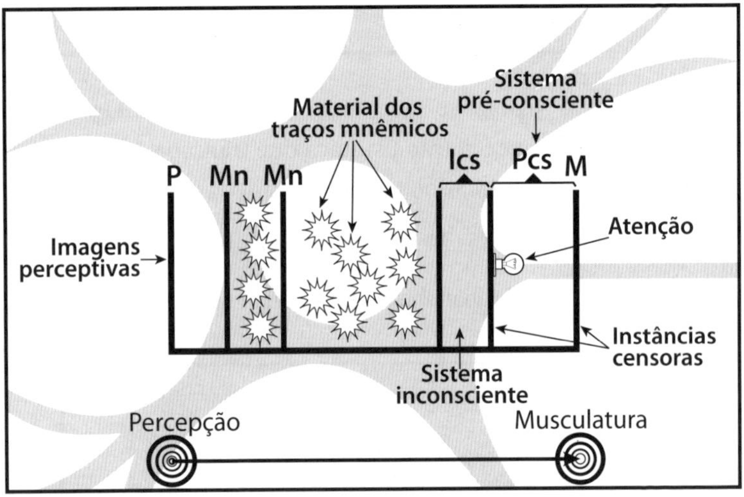

Existem duas censuras: a grande censura do sonho, denominada por Freud "guardiã da saúde mental", que separa o *Ics* do *Pcs*; e a pequena censura, que separa o *Pcs* do sistema consciente.

O sistema pré-consciente tem a *chave* que permite o acesso à musculatura (*M*).

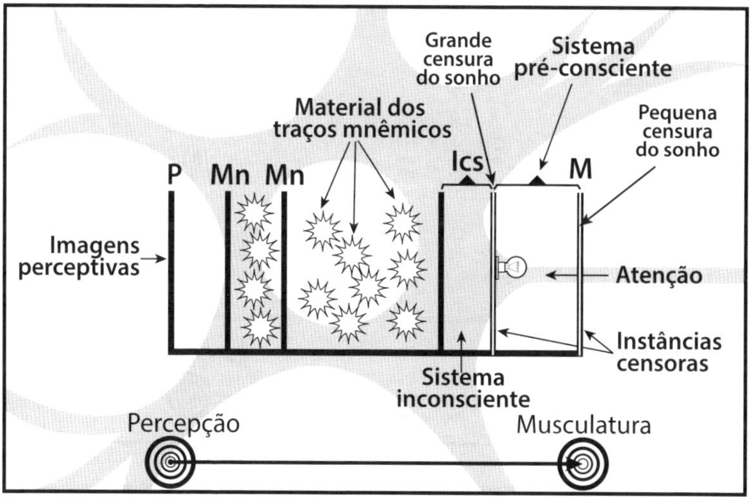

Passagem do modelo estendido a um circular (do neurônio ao globo ocular)

No aparelho psíquico estendido existe consciência tanto em *P*, no momento de entrada do estímulo, como em *M*, na saída da excitação psíquica. Essa situação seguramente era, do ponto de vista metodológico, uma questão de debilidade do modelo, razão pela qual Freud parece ter decidido juntar os extremos para cima, criando o *polo P-Cs, percepção-consciência*, passando do neuronal ao circular, que tem como referência o globo ocular e a fisiologia da visão.

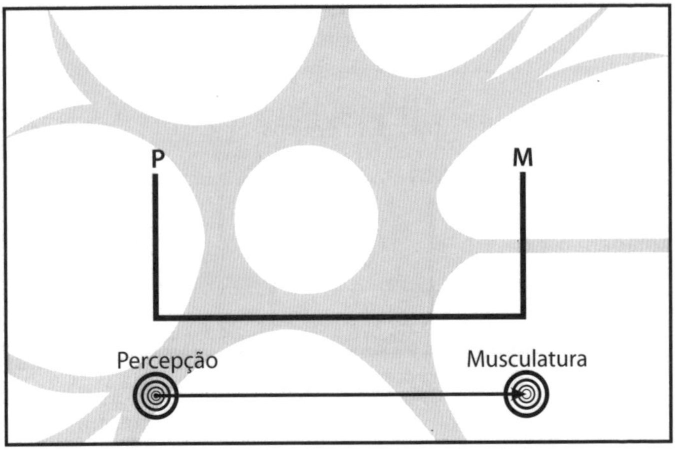

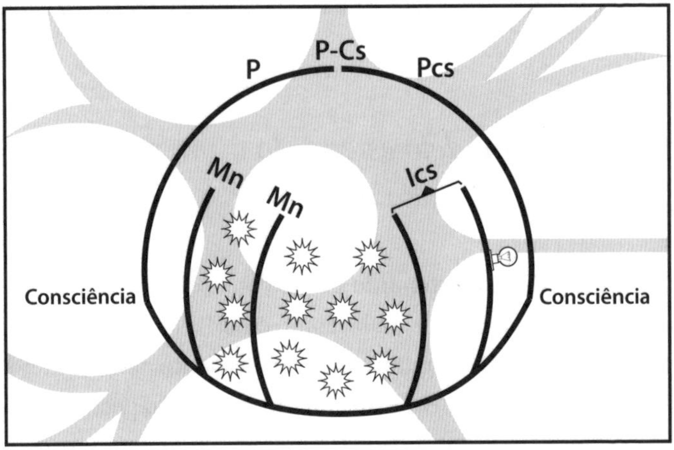

O neurônio

http://livro.link/kr02

O ego e o id

O aparelho psíquico de 1923, com o qual Freud projetou a *segunda tópica*, inclui instâncias ou sistemas.

O ego

É concebido como a organização coerente dos processos anímicos de um sujeito, embora, como veremos, possua também uma parte inconsciente. Sua importância funcional consiste em governar o acesso à motilidade.

O ego deriva de sensações corporais, em particular das que provêm da sua superfície. Por essa razão, constitui não só a parte superficial do aparelho psíquico, mas também a projeção da superfície corporal.

Constrói-se tendo o sistema *P* como núcleo. Assim, encontra-se em sua conformação o sistema *P-Cs*, achando-se ligado tanto às percepções externas como às internas.

Depois recobre o *Pcs*, âmbito que contém o acervo de restos mnêmicos, no qual estão incluídas tanto as recordações pré-conscientes como os traços de palavras.

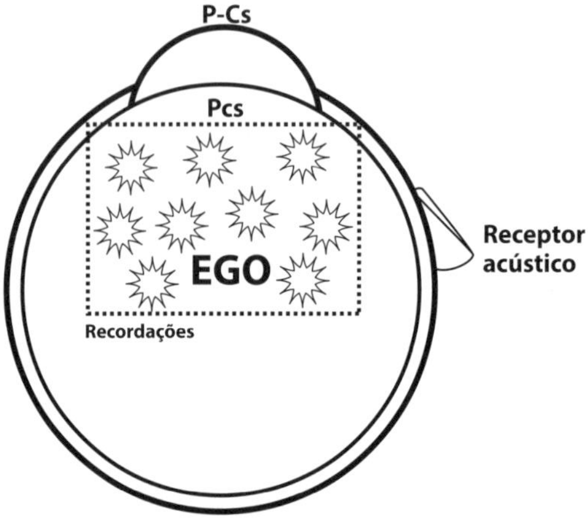

Finalmente, o ego tem um *polo receptor acústico*, antecedente do que posteriormente será a estrutura superegoica.

O id

O ego submerge suas raízes no id, que é o reservatório pulsional no qual imperam as paixões. É considerado uma diferenciação do id, gerada pelo contato com o mundo exterior. Por essa razão, o *princípio do prazer*, que atua no id, é deslocado pelo princípio de realidade com o qual o ego funciona.

O recalcado

É um setor do ego coerente que ficou separado do resto, como consequência da cisão que implica a atividade repressiva.

É concebido como uma série de *contrarrepresentações* ou *contrainvestiduras* que se opõem, ponto por ponto, às representações desiderativas. O recalcado foi ego e se tornou id. É por esse motivo que o recalcado é regido pelas leis do *processo primário* e do *princípio do prazer*.

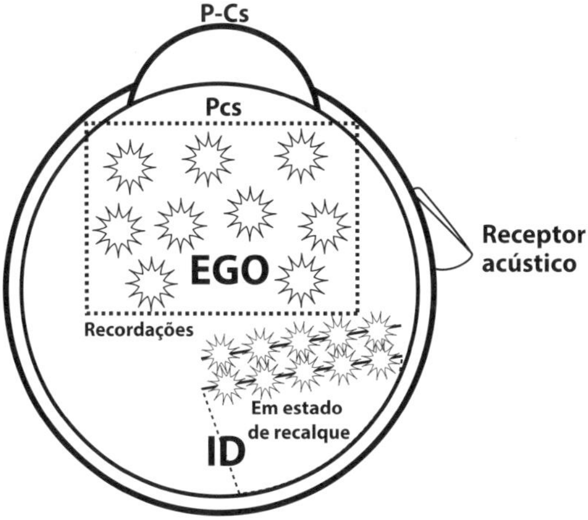

* Está conectado com o ego por intermédio do id. O ego não se conecta com as representações desiderativas, mas com suas contrarrepresentações. Assim, o recalcado deve ser inferido, ele nunca aparece diretamente. As contrarrepresentações opõem-se ponto por ponto ao que é desejado; assim entende-se que a experiência afetiva do ego é repugnância (para o oral), vergonha (para o anal) e culpa (para o fálico).

O ego e o id

http://livro.link/kr03

Tipos de inconsciente

Até este momento teórico existiam dois tipos de inconsciente: o *tópico* e o *descritivo*.

Tópico

No aparelho psíquico estendido encontravam-se três lugares psíquicos: o *Ics*, o *Pcs* e o *Cs*.

O inconsciente (*Ics*) é o primeiro que aparece com relação à percepção. Está separado do *Pcs* pela grande censura do sonho.

Em seguida, encontra-se o pré-consciente (*Pcs*), localizado entre a grande e a pequena censura do sonho.

Finalmente, encontra-se a consciência (*Cs*).

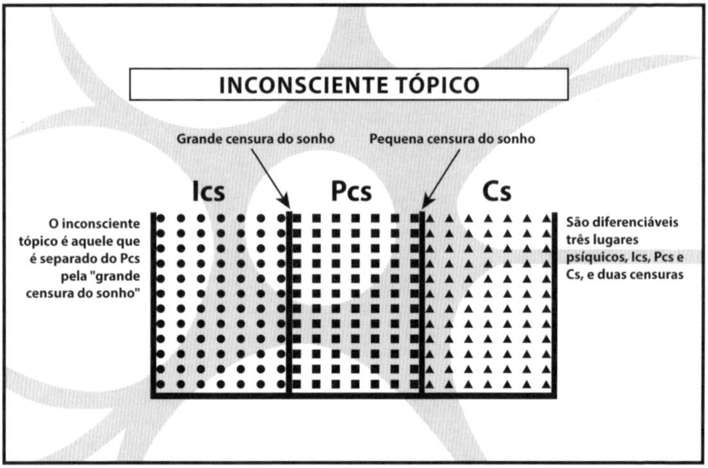

Descritivo

São descritivamente inconscientes todas as representações que não estão, nesse momento, na consciência. Por essa razão, o inconsciente descritivo abrange o que está à esquerda da *pequena censura*, ou seja, tanto o *Pcs* como o *Ics* da versão tópica.

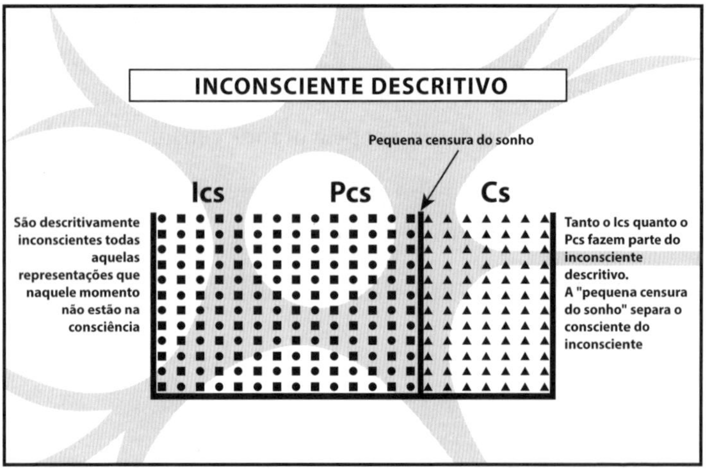

A novidade conceitual incluída por *O ego e o id* (Freud, 1923) em relação à noção de inconsciente é a identificação de um *terceiro inconsciente*.

Dinâmico

O inconsciente dinâmico é o que está à esquerda da *grande censura* do sonho, sobrepondo-se ao tópico. Desse modo, são dinamicamente conscientes tanto as representações *Cs* como as *Pcs*.

É importante salientar que, quando descreve o terceiro inconsciente, Freud sublinha que este é caracterizado por nunca ter sido recalcado com antecedência. Para dizer com mais precisão: com essa expressão ele não se refere a representações inconscientes, mas ao que corresponde graficamente à *grande censura*, enquanto alude aos *mecanismos de defesa*, cuja versão paradigmática é o *recalque*; esses mecanismos operam de forma automática e inconsciente sem serem previamente reprimidos.

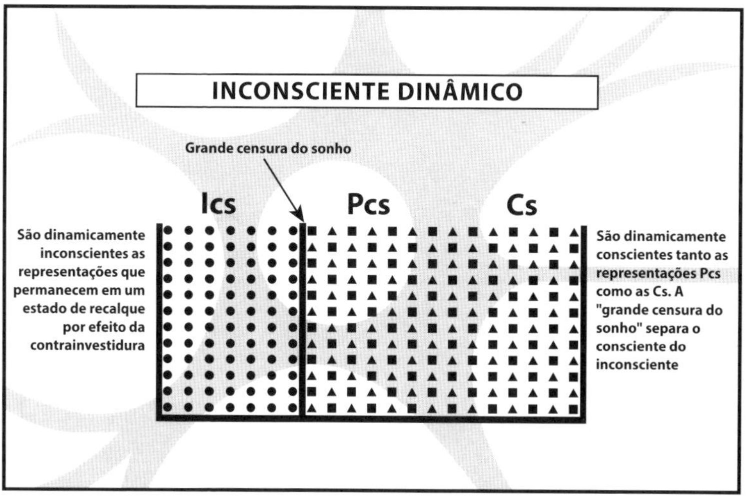

Na literatura atual em psicanálise, há uma tendência a equiparar o inconsciente não reprimido ao "psíquico não representado" ou a aspectos não simbolizados que aparecem por meio de um *enactment*. Como propus no gráfico do ego e do id, considero que Freud, ao se referir ao inconsciente não reprimido, está aludindo aos mecanismos de defesa. O exemplo paradigmático do terceiro inconsciente, dinâmico, é o recalque, já que esses mecanismos são ativados de forma inconsciente e automaticamente, sem terem sido recalcados de antemão.

Tipos de inconsciente

http://livro.link/kr04

A divisão da personalidade psíquica (1932/1933)

No capítulo III de "O ego e o id" (1923), Freud assinala como se constitui o *ideal de ego* ou *superego* e descreve as relações que tem com o ego, retomando ideias que vinha propondo tanto na "Introdução ao narcisismo" (1914), como na "Psicologia das massas e análise do eu" (1921).

Conforme o modelo básico de funcionamento psíquico, o ego erige em si os objetos *resignados libidinalmente* mediante o mecanismo de introjeção. Assim, um *investimento objetal* transforma-se em identificação, mediante o aparecimento da primitiva fase libidinal oral canibalesca.

No entanto, na gênese do ideal do ego as identificações são diretas e imediatas, prévias a todo investimento objetal.

Essas identificações primárias, com os pais da pré-história pessoal, ficarão posteriormente reforçadas pelas alternativas do complexo de Édipo, sustentadas na bissexualidade constitucional inerente ao humano.

A saída e o desenlace do complexo de Édipo, como distribuidor identificatório, deixará como herdeira a conformação do ideal de ego ou superego. Constitui-se em uma alteração do ego que se opõe ao resto do seu conteúdo.

Como no diagrama de "O ego e o id", na parte superior do aparelho psíquico ficam localizados o polo *P-Cs* e o pré-consciente, com o acervo de recordações, ambos os elementos fazendo parte do ego coerente. Também há a barra dupla da repressão: na parte superior, as contrarrepresentações, e na inferior, as representações desiderativas que, por essa razão, estão recalcadas. O recalcado tornou-se novamente id e se junta com ele. Mais abaixo no diagrama, entre o ego e o id, situa-se o inconsciente.

A partir daqui, merecem ser salientados dois elementos que não estavam previamente no diagrama de 1923: o aparelho, no seu extremo inferior, está aberto ao somático até o *corpo erógeno*; também aparece o *superego* como a terceira estrutura do aparelho psíquico, junto ao ego e ao id.

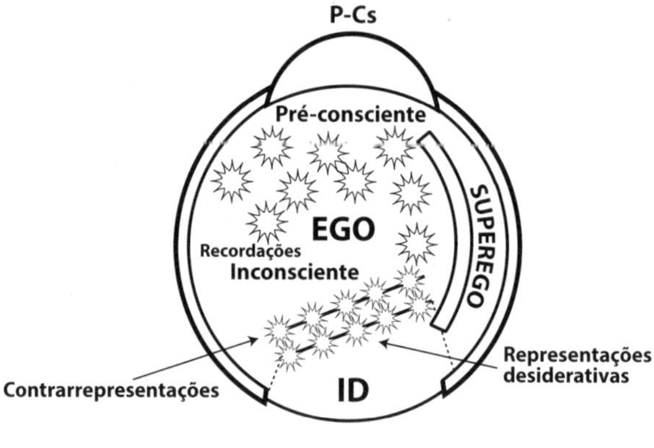

A divisão da personalidade psíquica (1933)

http://livro.link/kr05

Modelo de Wisdom: relação de objeto interno

Este modelo, construído por Wisdom (1963) para dar conta da *teoria kleiniana*, tem a estrutura de um átomo: inclui o núcleo e sua órbita.

Ambos os elementos, núcleo e órbita, fazem parte do *mundo interno*.

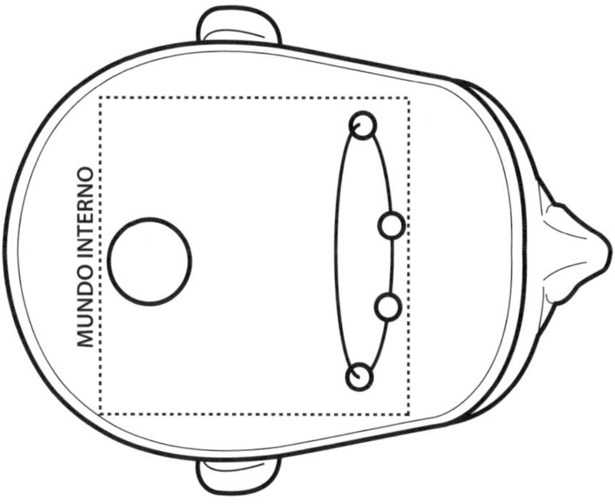

Fora do aparelho psíquico está o *mundo externo*, no qual habitam os objetos reais: pai, mãe e partes do objeto real, que vão ser introjetados pela criança.

As relações entre o *self* e os *objetos reais* se manifestam pelo mecanismo de identificação projetiva e iniciam quando uma vivência do *self* se identifica projetivamente em um objeto real.

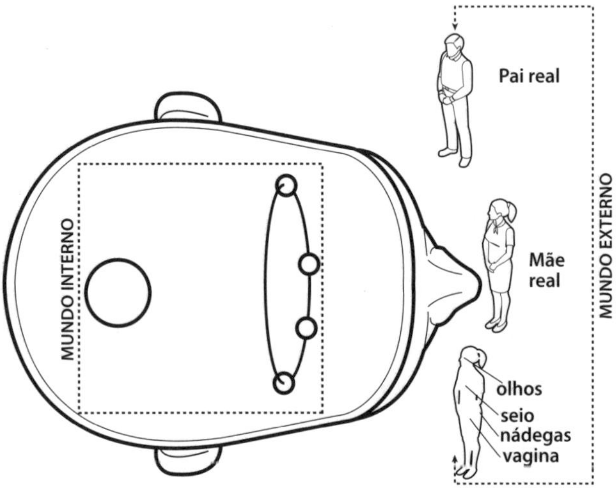

Em um segundo momento, o objeto, ao qual se identificou projetivamente a vivência mencionada, é introjetado na órbita e passará a ser um objeto orbital.

O núcleo do *self* mantém com os objetos orbitais uma *relação de objeto interno*.

Certas características do objeto orbital, que podem ser assimiladas como habilidades ou capacidades, são identificadas introjetivamente no *self* na qualidade de objetos nucleares.

Quero destacar que, neste esquema, a órbita do modelo de Wisdom se sobrepõe ao lugar que ocupa o superego da segunda tópica freudiana.

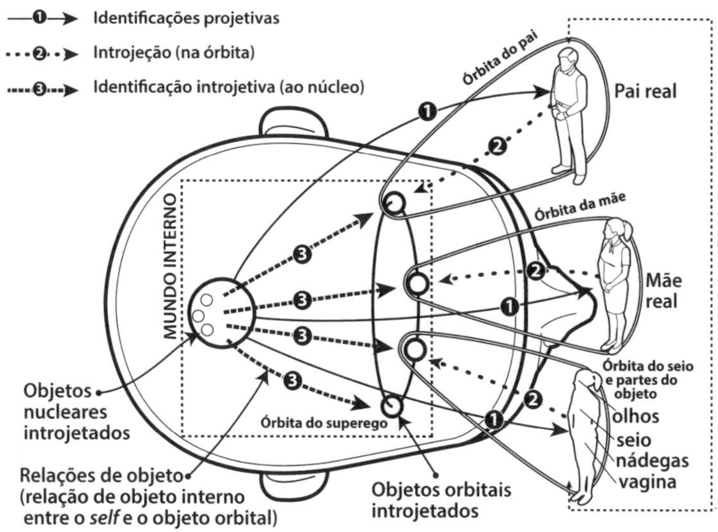

* É valioso localizar qual foi a concepção de Freud sobre o "mundo externo". Em "Três ensaios sobre a teoria da sexualidade" (Freud, 1905b, p. 198), a nota de rodapé 14 de Strachey é esclarecedora. Ele diz o seguinte:

> *É desnecessário dizer aqui e em outros lugares que, quando Freud afirma que a libido está concentrada em "objetos", é retirada de "objetos" etc., ele está se referindo a representações psíquicas de objetos e não, é claro, a objetos no mundo externo.*

A libido, não poderia ser de outra forma, investe representações do mundo externo, pois é um termo teórico e parte de um aparato psíquico que é também teórico e virtual. Portanto, ela coincide com a diferença existente entre objetos reais e objetos da órbita, que acabam de ser mencionados no esquema.

O outro trabalho no qual isso é corroborado é "Introdução ao narcisismo" (1914). Freud explica ali que, na "fantasia do fim do mundo" do paciente esquizofrênico, ele retira a libido das pessoas e das coisas do mundo externo e a retrai a seu ego. Essa alternativa libidinal só é possível novamente na medida em que o "mundo externo" tem um caráter representativo.

Modelo de Wisdom: relação de objeto interno

http://livro.link/kr06

Modelo de Meltzer

Meltzer, autor pós-kleiniano, conserva em sua teoria eixos centrais do esquema que acabamos de comentar.

A sua concepção de *mente* inclui uma parte infantil e outra adulta, assim como um âmbito no qual estão os objetos internos, lugar da *cena primária*.

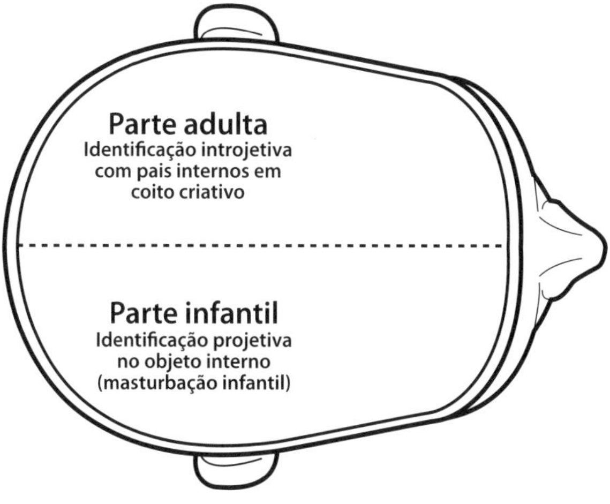

A fantasia polimorfa da cena primária é constituída por cinco integrantes: o pai; a mãe; o bebê dentro da mãe; e a menina e o menino como representantes da bissexualidade.

A fantasia perversa incluiu um sexto personagem, *o outsider*. É o representante da maldade, a quem Meltzer atribui a frase "Mal, seja você meu bem".

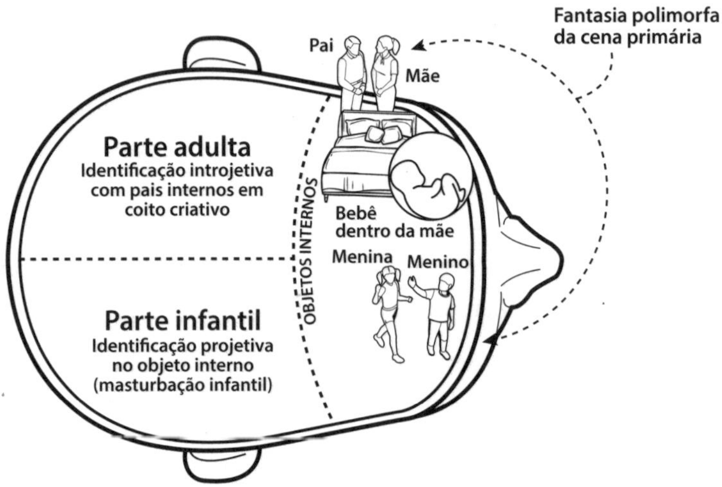

Esse autor considera que a parte infantil possui a tendência de identificar-se projetivamente nos objetos internos, processo que denomina *masturbação infantil*. A consolidação desse mecanismo traz como consequência psicopatológica o pseudoamadurecimento ou as personalidades "*como se*" (*as if*). Outro efeito da identificação projetiva é a fantasia maníaca de *possessividade* sobre os objetos internos.

Quando os processos projetivos declinam, a parte adulta pode se inspirar, por identificação introjetiva, no coito criativo dos pais internos. Tal situação pareceria dizer ao setor infantil: "Vire de costas e volte a dormir".

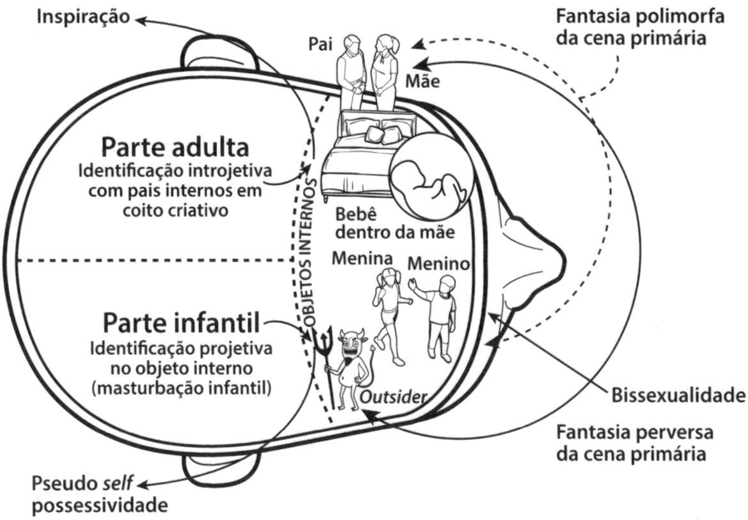

* O método gráfico de Meltzer tem por objetivo colocar em imagem sua concepção da "cena primária". Ele utiliza de forma forte e central em sua teorização o conceito de identificação projetiva proposto pela escola inglesa.

Como no esquema de Wisdom, é claro que o cenário em que ocorrem as alternativas que Meltzer pensou acontece no espaço que o superego ocupa na proposta de Freud. Por esse motivo, as imagens estão no mesmo lugar.

Pode-se ver no gráfico a série de atividades que os objetos internos têm uns com os outros, o que eles fazem uns aos outros e o que acontece entre a parte infantil e a parte adulta da personalidade. Da minha perspectiva, sua maneira de conceber a personalidade "*as if*", ciúmes possessivos e a localização de um sexto personagem no mundo interno, o *outsider*, como representante do Mal, são contribuições de grande utilidade teórico-clínica.

Ao mesmo tempo, a frase "Mal, seja você meu bem" não só é absolutamente original, mas também permite compreender com clareza os casos clínicos de criminalidade em série.

Finalmente, sublinho a proposta de Meltzer de que a inspiração com os pais internos em coito criativo pressupõe que a personalidade pode agir apoiada por aspectos saudáveis e vitais.

Modelo de Meltzer

http://livro.link/kr07

Mundo imaginário – outro especular: esquema L em Lacan

Corresponde à *fase do espelho*. O *infans*, ainda na sua impotência motriz, reage com uma atitude corporal de júbilo quando vê a sua imagem erguida no espelho. Dessa perspectiva, considera-se que esta fase é impulsionada por um vetor que vai da insuficiência à antecipação.

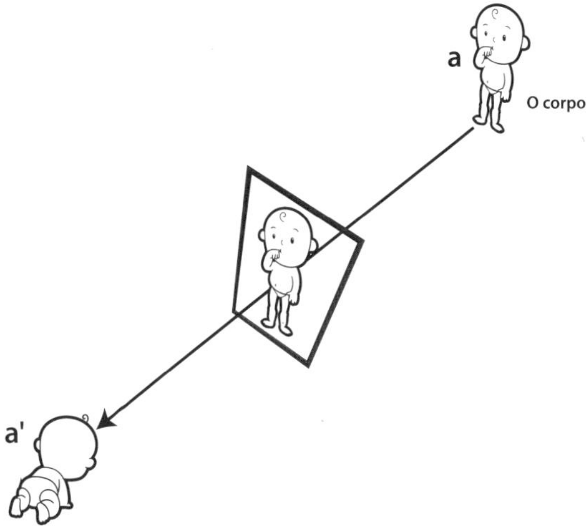

O *esquema L* é atravessado por dois eixos que se cruzam perpendicularmente: o eixo imaginário, cujos extremos são *a'* e *a*, e o simbólico, cujos extremos são *A* e *S*. Uma linha pontilhada vai de *S* ao extremo *a*, e uma linha contínua vai de *A* até *a'*.

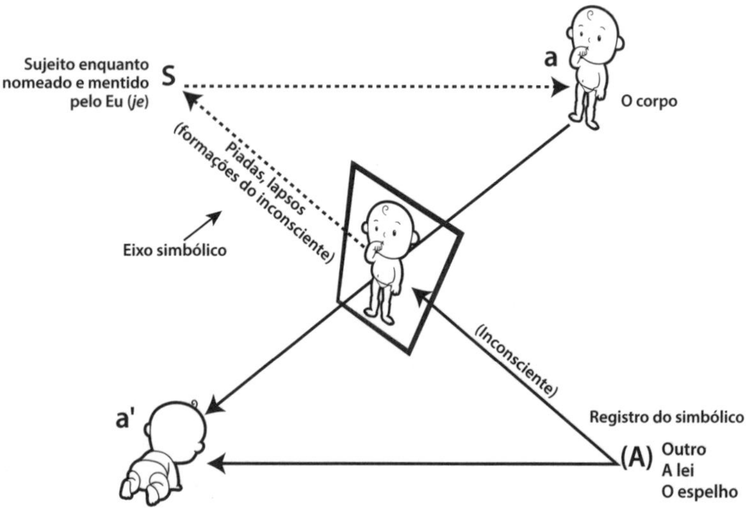

O esquema L abrange os três registros: o registro do real, no *a*, onde estaria incluído o outro – o objeto de desejo, *mãe* como significante do objeto primordial e do corpo; o registro simbólico, no *A*, onde estariam situados o *Outro*, a lei, o espelho, o *pai* e o *nome do pai*; e, finalmente, o registro imaginário, no *a'*, no qual se localiza o ego ideal (*moi ideal*), constituído a partir do rebote da própria imagem no espelho (rebote constitutivo do *moi*).

S é o lugar de aparecimento do sujeito, que é nomeado e "*mentido*" pelo ego (je) como sujeito do enunciado.

O eixo imaginário, com seu caráter de "muro", será perfurado pelas produções do inconsciente, que permitirão o surgimento de *S* como sujeito do inconsciente.

A temática *imaginário-especular* corresponde, em Freud, aos temas de: apaixonamento, hipnose, conformação do líder da massa, escolha homossexual de objeto, fenômenos de duplo e transtornos de gemelaridade.

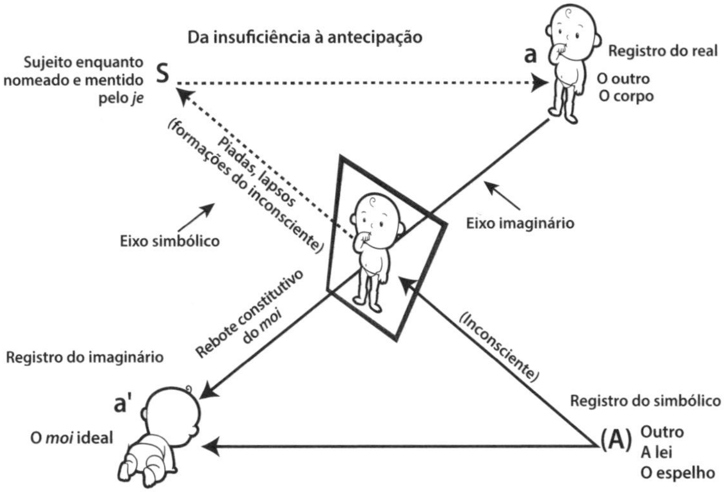

* O esquema L, na teorização de Lacan, tem a virtude de mostrar a aparência do sujeito do inconsciente como um efeito da perfuração da chamada "muralha da linguagem", ligada ao eixo imaginário.

Serão as produções do inconsciente (lapsos, piadas, atos falhos, sonhos e sintomas) que permitirão o contato com esse sujeito, "citado e mentido pelo Ego". O gráfico também mostra, em seu sentido topológico, o lugar do inconsciente freudiano em estreita relação com o registro do simbólico.

Finalmente, a partir do entrelaçamento entre os eixos simbólico e imaginário, podemos contatar as diferentes maneiras pelas quais um sujeito pode se autoenganar, construindo uma versão idealizada de si mesmo. É a isso que o rebote especular alude, indo da insuficiência à antecipação.

Mundo imaginário – outro especular

http://livro.link/kr08

A posição do narcisismo nas diferentes escolas

A seguir, será exposta uma sequência de imagens com a intenção de visualizar onde está posicionado o narcisismo em cada uma das escolas psicanalíticas mencionadas.

Considero importante esclarecer que, de minha perspectiva, trata-se do narcisismo com o qual trabalhamos clinicamente nas sessões com os nossos pacientes.

Freud

O narcisismo, conforme o esquema freudiano da segunda tópica, incluiria o segmento que abrange o superego, o recalcado e a parte pulsional correspondente ao id.

No superego, como herdeiro da sexualidade infantil e do complexo de Édipo, encontra-se subsumido o ego ideal.

O recalcado tem como conteúdo o ego inconsciente. Trata-se da parte invertida do complexo de Édipo completo, que é subsidiária da bissexualidade constitucional. Os mecanismos que se manifestam no recalque, e que constituem o inconsciente dinâmico também irão fazer parte do narcisismo.

Finalmente, também faz parte um setor do id, como reservatório pulsional, constitutivo do narcisismo originário.

Klein-Wisdom

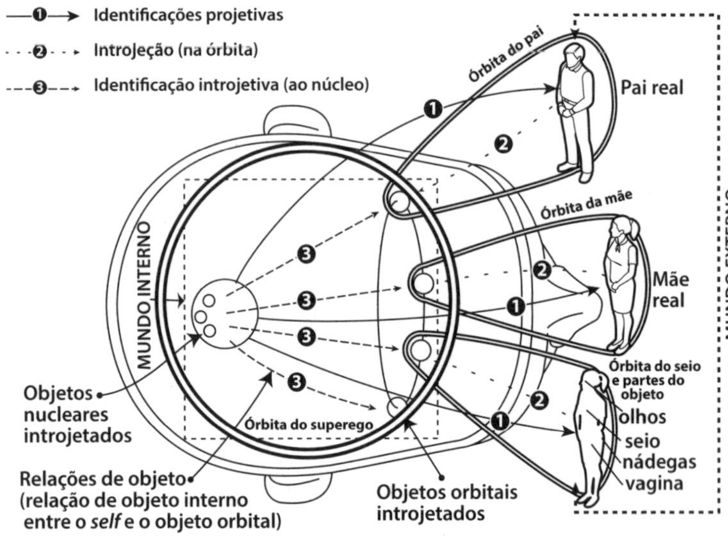

No *esquema kleiniano*, o narcisismo incluirá as relações entre o *self* e os objetos da órbita. O narcisismo, portanto, tem sua versão paradigmática na relação de objeto interno. Irá se manifestar clinicamente quando a massividade dos fenômenos projetivos não permitir que sejam respeitadas as clivagens "*mundo interno – mundo externo*". Em tais casos, os sujeitos em questão explanarão, em sessão, dificuldades interpessoais, visto que procuram manter relações com os objetos do *mundo externo* como se fossem *internos*, ou seja: os objetos da órbita.

Meltzer

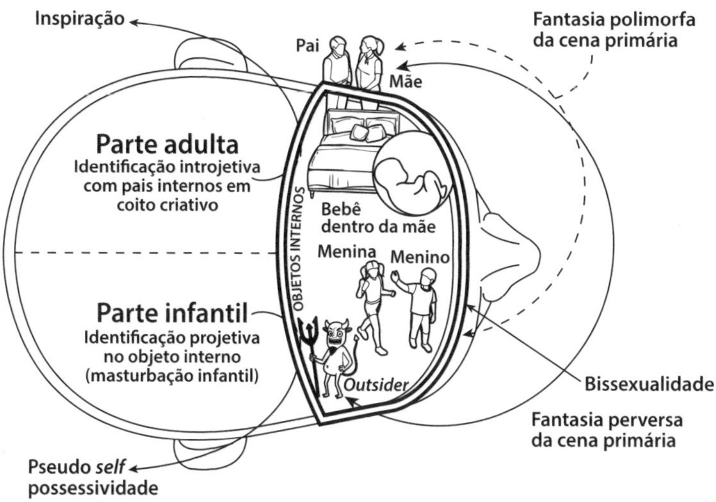

No modelo de Meltzer, o narcisismo envolve a parte infantil do *self* e o âmbito dos objetos internos.

Esse esquema gráfico permite compreender que, assim como ocorria com os objetos da órbita do esquema kleiniano, os objetos internos em Meltzer "habitam" o setor que, na tópica freudiana, corresponde ao superego, e são, portanto, uma ampliação e uma complexificação dessa estrutura psíquica.

Lacan (esquema "L")

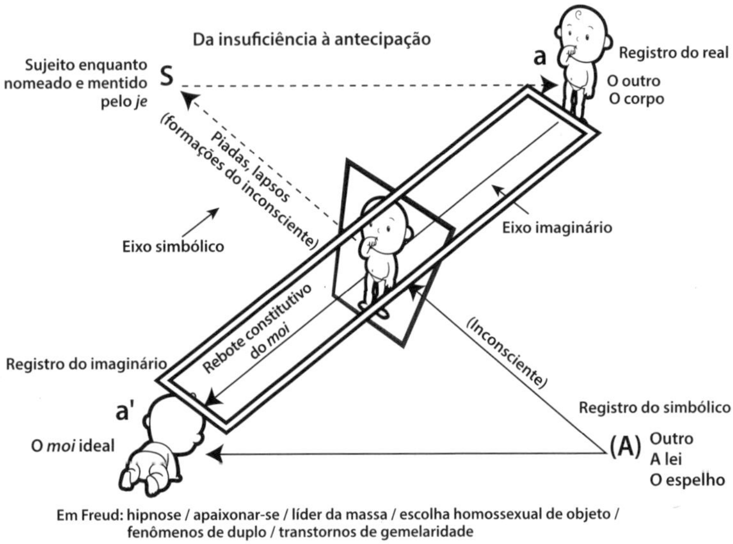

Nesse esquema, o narcisismo está situado no eixo do imaginário. Concebido como um "*muro narcísico*", ficará perfurado pela emergência das formações do inconsciente. *Piadas*, *lapsos* ou *sonhos* permitirão o aparecimento do *sujeito do inconsciente*, desmentindo, assim, o *engano* imaginário.

Superposição do esquema L e da segunda tópica freudiana

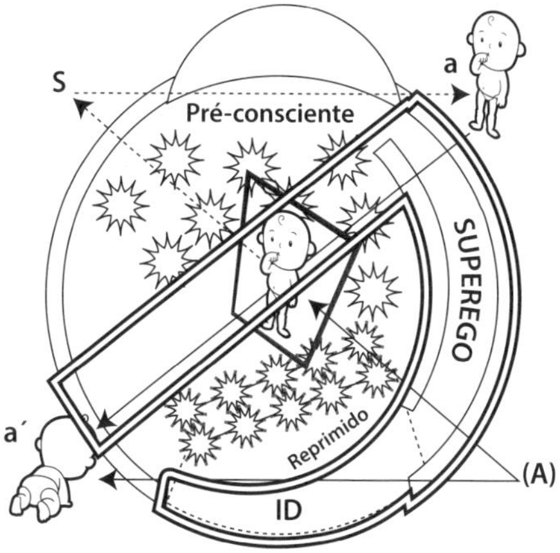

Com pleno conhecimento das diferenças existentes entre um esquema *topográfico*, como o de Freud, e um *topológico* (ramo da matemática), como o de Lacan, parece interessante sobrepô-los. Desse modo, resulta que o lugar de constituição da imagem idealizada no espelho em Lacan se alinha com a estrutura de superego freudiano. Assim, também, "aquilo que fala", o inconsciente e o *A* em Lacan, corresponde ao id e ao âmbito do reprimido da segunda tópica.

A posição do narcisismo nas diferentes escolas

http://livro.link/kr09

Mecanismo de formação de sintomas: o nojo de Dora

A expectativa na próxima imagem é situar o mecanismo de formação sintomática, cujo eixo, na proposta freudiana, possui forte ligação com a evolução libidinal.

A libido é despertada pelos cuidados maternos ligados à alimentação, à higiene corporal e à aprendizagem esfincteriana. A outra vertente do seu despertar está relacionada com o progressivo crescimento corporal e as zonas de satisfação erógena.

Freud pensava na libido como um desdobramento de etapas. Desse desdobramento ficam como remanescentes formas específicas de satisfação libidinal, os *pontos de fixação*, que outorgam a cada pessoa o seu perfil particular erótico e de caráter. A sequência começa com o ponto de fixação oral e continua com a fixação anal e a fálica, para culminar com a etapa genital.

Os restos dos pontos de fixação, por conseguinte, os modos de satisfação libidinal, se mantêm na fantasia como representações debilmente carregadas. Tais fantasias tendem a se realizar nos jogos preliminares do intercâmbio genital.

Os pontos de fixação implicam não só modos de satisfação, mas também uma enérgica formação reativa perante eles. Uma vez estabelecida a repressão, as sensações que serão percebidas pela consciência correspondem às *contrarrepresentações*; não as que se referem ao desejo. Por essa razão, os referentes afetivos correspondentes a cada ponto são: *nojo* para o *oral*, *vergonha* para o *anal* e *culpa* para o *fálico*.

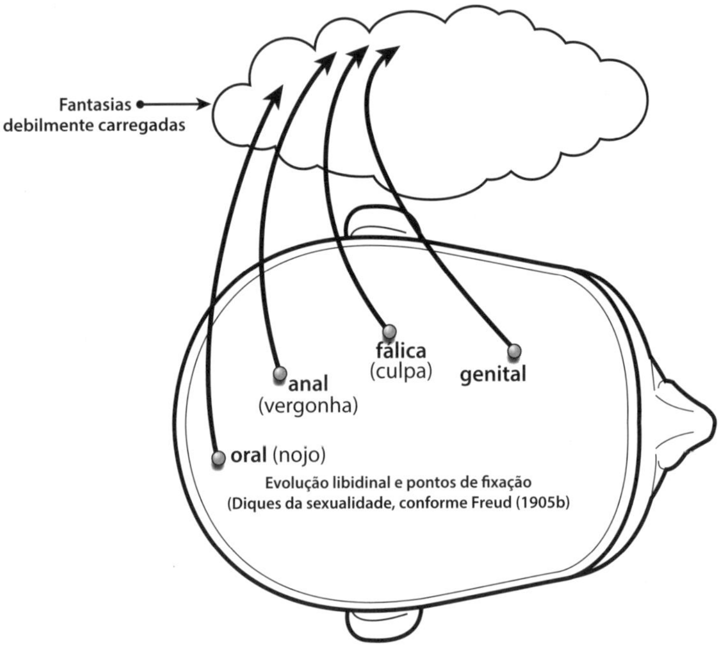

Evolução libidinal e pontos de fixação
(Diques da sexualidade, conforme Freud (1905b)

Freud não hesitava em diagnosticar *histeria* sempre que uma mulher jovem, exposta a uma situação em que deveria se excitar sexualmente, experimentava uma reação afetiva distinta. Desse modo, explicou-se o nojo que experimentou Dora quando o sr. K a apertou contra o seu corpo.

Tal convicção se afirmava no fato de que se haviam acionado mecanismos regressivos de satisfação em virtude da existência de *aderências* entre os pontos de fixação e as moções desiderativas na fantasia.

O mundo de fantasia se transforma em *O jardim das delícias terrenas*, ao qual podemos recorrer diante dos infortúnios da vida.

Os sintomas são explicados por Freud da seguinte maneira:

1) Uma frustração libidinal real promove no sujeito...

2) ... a introversão libidinal à fantasia.

3) Recarregam-se, assim, as representações já existentes, que se mantinham debilmente carregadas.

4) Essa intensificação quantitativa promove a tentativa de realização dessas representações desiderativas mediante o acesso à musculatura.

5) Ativa-se, então, a repressão secundária, de maneira automática e inconsciente.

6) Ao ter impedida a realização libidinal no mundo real, procura-se conseguir satisfação por um caminho regressivo. A libido é retraída até os pontos de fixação pelo rumo marcado pelas aderências.

7) Na condição de repressões primárias construídas na primeira infância, os pontos de fixação são *diques* débeis que cedem diante do embate pulsional, vivenciado agora por um corpo adulto.

8) Um desejo sexual genital passa a ser experimentado regressivamente sob um modelo oral, retornando o primariamente recalcado em seu formato regressivo original. Consolida-se, assim, o nojo como *formação sintomática*, vivência que corresponde à contrarrepresentação do desejo oral.

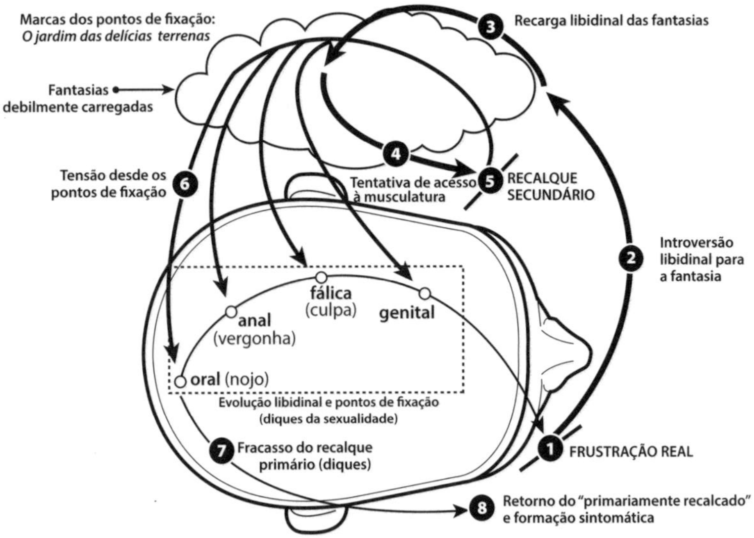

Mecanismo de formação de sintomas:

o nojo de Dora

http://livro.link/kr10

Sequência representacional na obra de Freud

O esquema a seguir tenta mostrar uma possível sequência de *ordenação das representações* na produção teórica freudiana.

Em "A interpretação dos sonhos" (1899/1900), Freud menciona que um sonho, como consequência da intensa regressão produzida durante o dormir, pode antecipar precocemente o surgimento de uma doença corporal. Desse modo, estava postulando a existência de *representações víscero-corporais* (*RVC*) no aparelho.

Logo, em direção ao mundo externo se encontraria a representação do ego. Refere-se ao setor superficial do aparelho psíquico e, ao mesmo tempo, à projeção da superfície do corpo. Corresponde à representação da pele, no nível psicológico, que demarca e diferencia o que é *ego* daquilo que é *não ego*. Freud alude a ela quando menciona o *novo ato psíquico*, mediante o qual se unificam as zonas erógenas.

A continuação começará a inscrição do mundo objetal.

Freud pensava que, assim como a ameba incorpora elementos em seu corpo, engolfando-os com os pseudópodes, da mesma maneira o ego inclui os objetos mediante extensões libidinais e os inscreve.

Por esse motivo, o primeiro campo de representações objetais será o das *representações narcísicas de objeto* (*RNO*).

É importante mencionar que, por sua constituição narcísica, as RNO têm um caráter paradoxal. Trata-se de um âmbito de inscrição objetal, ainda que as alternativas que sucedem aos objetos desse campo sejam vivenciadas como se tivessem acontecido ao próprio ego.

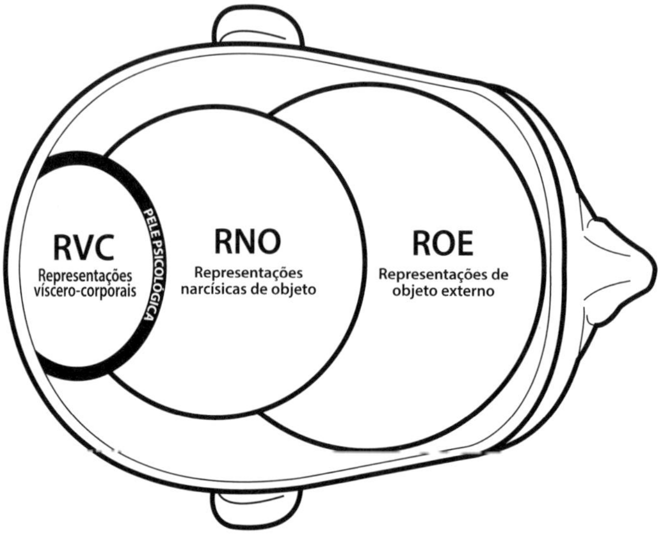

Por último, seguindo até o mundo exterior, encontra-se o âmbito das *representações de objeto externo* (*ROE*), onde se inscreveriam objetos em seu caráter realístico, ou seja, a versão não narcísica das representações que provêm do campo anterior.

Transitamos, assim, em um sentido de inscrição que vai do profundo ao superficial e que é, também para Freud, a linha de superação do narcisismo. "*Ama-se para não adoecer*", são suas palavras, porque, ao investirmos libidinalmente os objetos, evitamos adoecer de onisciência e megalomania, que seriam as possíveis consequências de manter o próprio ego libidinalmente investido.

Do ponto de vista psicopatológico, o esquema permite visualizar os diferentes âmbitos representacionais como *lugares* a que correspondem distintos quadros: a *hipocondria* pertence ao âmbito das *RVC*, as *doenças psicossomáticas* ao da *pele psicológica*, a *melancolia* ao das *RNO* e a *depressão* ao das *ROE*.

Não é improvável que as inscrições se realizem mediante registro simultâneo em todos os âmbitos, razão pela qual a perda de um ser querido, em uma personalidade "normal", pode acarretar algum grau de aflição narcisista ou, também, de reação psicossomática.

O esquema permite visualizar flutuações psicopatológicas a um ou outro dos extremos. Uma inclinação à direita supõe maior grau de saúde, e à esquerda, de enfermidade. Uma melancolia que se agrava pode incluir momentos hipocondríacos ou transformar-se em um franco quadro de hipocondria, e vice-versa: uma hipocondria que "melhora" pode variar a uma melancolia.

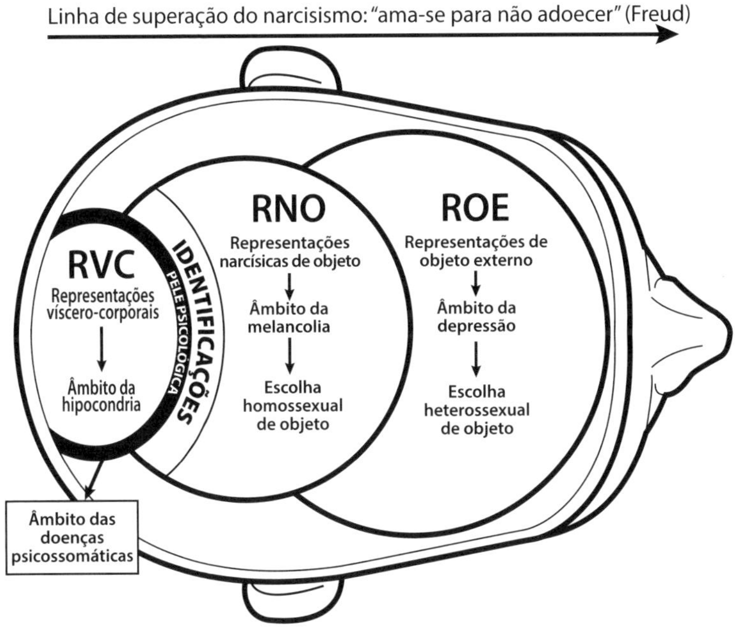

Do ponto de vista das escolhas de objeto, irão realizar-se *escolhas homossexuais* caso sejam feitas e inscritas a partir do campo das *RNO*, ao passo que as que forem feitas e inscritas a partir das *ROE* serão *escolhas heterossexuais*.

Em termos gerais, o campo das ROE é o setor psíquico no qual se representam as alternativas ocorridas com os objetos externos, vivenciadas como *pertencentes ao não ego*.

Já o campo das RNO é o setor em que as alternativas com os objetos são vivenciadas como *pertencentes ao próprio ego*. Por essa razão, o melancólico *sabe quem perdeu, mas não o que perdeu*.

Por último, existe a possibilidade de imaginar que o campo das RNO pode não ser homogêneo e sim ter matizes. Assim, por exemplo, é provável que a zona de inscrição objetal próxima à pele psicológica corresponda a um setor psíquico de grande fluidez entre o ego e os objetos. Portanto, é possível situar aí o lugar em que ocorrem *as identificações*.

Dessa maneira, seria compreensível a enigmática frase de Freud "A sombra do objeto cai sobre o ego" ao se perder um ente querido.

No entanto, o trabalho de luto supõe a retirada libidinal das recordações em que o ego estava unido à pessoa falecida. O retraimento da libido ao setor das *RNO* antes mencionado implicará que a *sombra do objeto* – ou seja, sua inscrição narcísica – *cairá sobre o ego*, transformando-se transitoriamente em identificação.

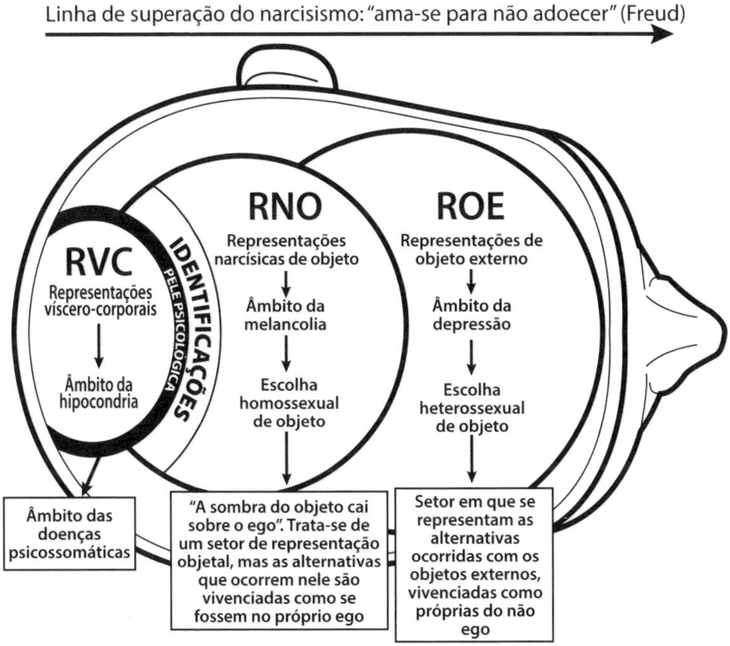

Sequência representativa na obra de Freud

http://livro.link/kr11

Níveis teóricos sobrepostos por telescopagem

Este esquema propõe um modelo possível para compreender como estariam sobrepostos os diferentes níveis teóricos que correspondem às distintas escolas psicanalíticas.

Trata-se de três dimensões teóricas, compreendidas umas nas outras em um sistema de *telescopagem* ao estilo das *Matrioshkas* russas.

Cada dimensão é composta, por sua vez, de certo número de âmbitos.

A primeira é a que corresponde à teoria da *representação freudiana*, a segunda à teoria da *objetalidade kleiniana* e da *outridade vincular*, e, finalmente, a terceira modela a denominada *teorização espacial.*

Todo sujeito está em contato fluido com o mundo externo, portanto em permanente intercâmbio interno-externo.

A dimensão da representação freudiana, com uma direcionalidade que vai do profundo ao superficial, como foi visto no esquema anterior, é composta das *representações víscero-corporais* (*RVC*), das representações *narcísicas de objeto* (*RNO*) e das *representações de objeto externo* (*ROE*). As *flechas bidirecionais* têm a função de destacar a existência de interação entre elas.

Esse nível teórico ficaria fundido no seguinte, a dimensão objetal kleiniana, concebida em sua constituição como uma versão dramática da mente.

A sobreposição seria feita de maneira tal que o objeto interno, correspondente à *posição esquizoparanoide* (*PEP*), compreenderia as *RVC* e as *RNO*. Já na *posição depressiva* (*PD*) estariam localizadas as *RNO* e as *ROE*.

Essa diferenciação tende a mostrar que as características do objeto interno da *PEP* são solidárias com os avatares corporais e narcisistas, enquanto as da *PD*, embora incluam o narcisismo, levam em consideração, com maior preponderância, as características de objeto externo.

A *flecha bidirecional* sublinha a mútua interação entre os objetos de ambas as posições.

A flecha pulsátil, direcionada da esquerda para a direita, procura destacar que a inscrição se realiza desde o ego (ou *self*) até os objetos externos, tanto na teorização freudiana como na kleiniana.

Ambos os tipos de objetos, *PEP* e *PD*, na dimensão da tripla especialidade psíquica, vão constituir a intrassubjetividade.

Na mesma dimensão se encontra o *modelo teórico da outridade vincular*.

Nesse modelo, pela imposição que gera a presença discursiva do outro na sua condição de real, produzem-se dois tipos de inscrição: a correspondente ao *outro externo* e a do *outro interiorizado*. A primeira supõe, de certo modo, uma captura de características "realísticas" do outro, se bem que haverá também um registro daquilo que não se poderá inscrever dele; já a segunda incluirá um grau distorcido do outro, que estará alinhado com as características atribuídas pelo sujeito.

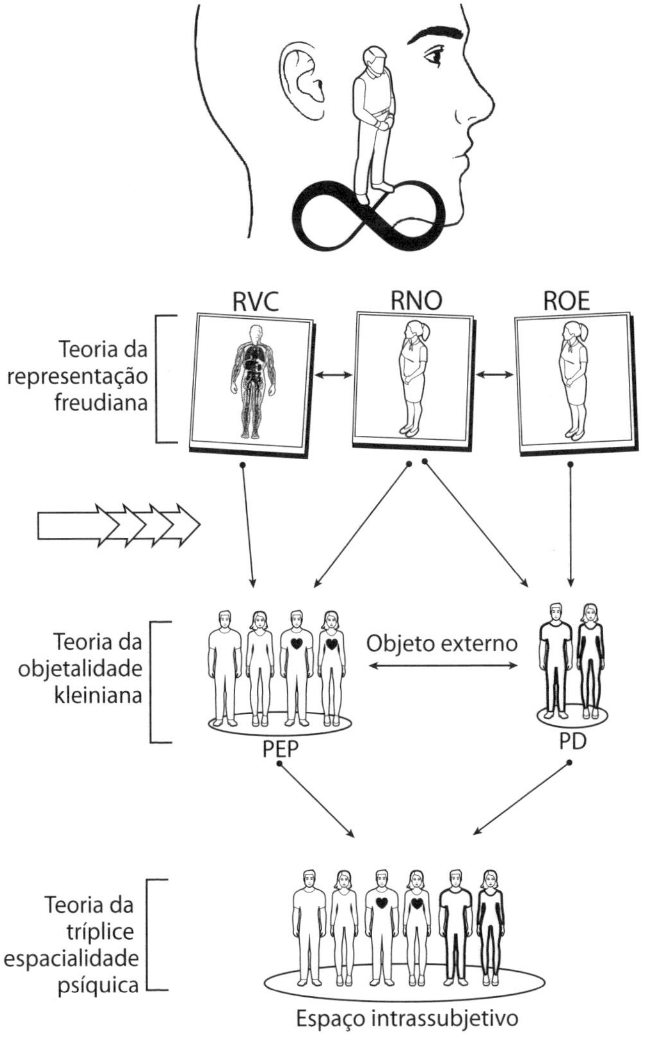

Na próxima imagem, a flecha pulsátil que vai da direita para a esquerda sublinha que a direção da inscrição vai do outro ao sujeito.

A terceira dimensão corresponde à *teoria dos espaços psíquicos*. No *intrassubjetivo* estariam contidas as duas primeiras dimensões; já o *espaço intersubjetivo* seria composto de redes que cada sujeito pôde conformar com os outros significativos com os quais esteve vinculado. Entre a intrassubjetividade e a intersubjetividade existe um espaço vazio, já que ambas as inscrições são heterogêneas entre si, portanto entre elas não haveria transcrição possível.

Por último, o espaço *transubjetivo* inclui as inscrições que cada cultura institui nos membros que a compõem, os quais atravessa. A flecha bidirecional sublinha o interjogo existente, em cada sujeito, entre o espaço intersubjetivo e o transubjetivo.

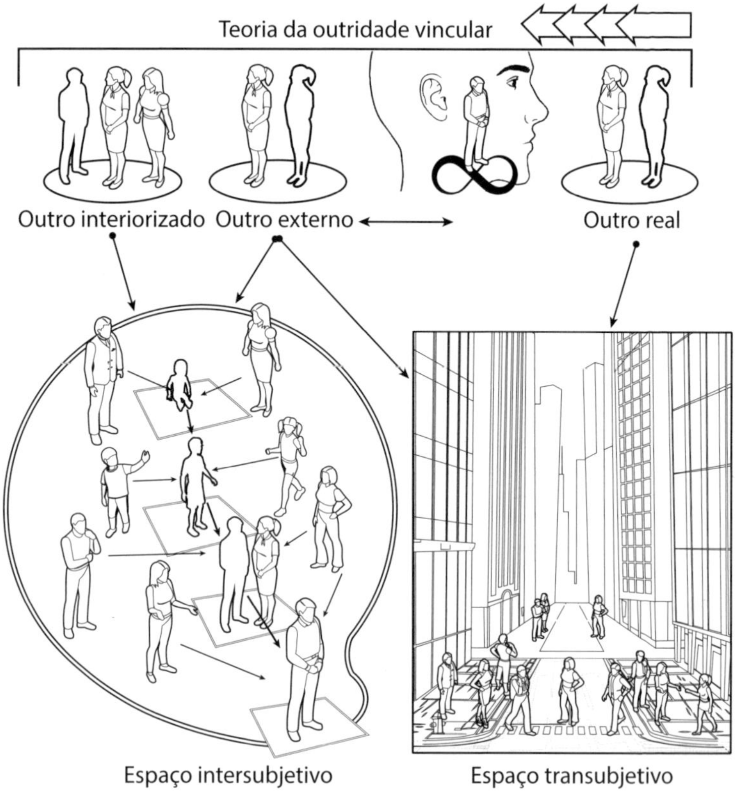

Níveis teóricos sobrepostos pela telescopagem

http://livro.link/kr12

Metáfora biológica da conformação vincular: o quiasma óptico

Na próxima imagem, o *quiasma óptico* é utilizado como metáfora biológica para compreender a conformação vincular.

O *quiasma*, em sua constituição, possui fibras diretas que provêm do olho do lado correspondente, assim como fibras cruzadas que provêm do olho do lado oposto.

Pode-se dizer que cada olho pode criar a ilusão "que vê" apenas o que foi percebido por ele, mas o certo é que na "sua visão" estará incorporado o percebido também pelo outro olho.

O entrecruzamento de fibras possibilitará a formação de imagens, o que possibilita dizer que percebemos "a partir dos olhos", mas "vemos" em função do quiasma.

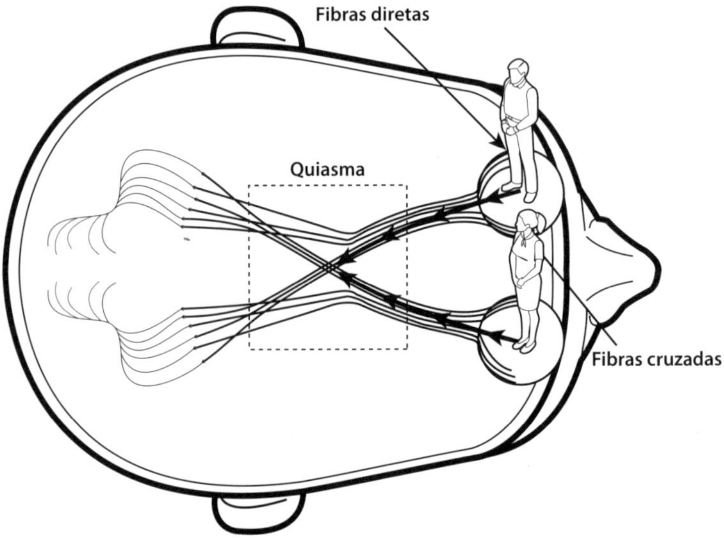

No esquema, tanto ela quanto ele, membros de um *vínculo* de casal, podem ter a ilusão de que "veem e pensam" a partir de si mesmos, ainda que, como ocorre com a visão, provavelmente seja o vínculo que conformaram que os habilite a "ver e pensar" de determinada maneira. Se uma pessoa sofre de um quadro de estrabismo divergente, cuja consequência é uma visão dupla, o cérebro se organiza para anular o que é percebido pelo olho com maior desvio, suprimindo essa imagem.

Nos conflitos de casais, aparece sistematicamente uma situação equivalente. O casal tende a pulsear, com a finalidade de que predomine o próprio ponto de vista como único, pela intolerância à existência de perspectivas diferentes sobre uma mesma situação. Tolerar a "diplopia", a *visão dupla inerente à constituição vincular*, possibilita aceitar que existam dois pontos de vista (ou talvez mais de dois). Em uma análise, o *trabalho vincular* permitirá conseguir tal *aquisição psíquica*, que faz parte do que o vínculo exige àqueles que o conformam.

Metáfora biológica da conformação vincular:
o quiasma óptico

http://livro.link/kr13

Mundo vincular: a inscrição do outro

Na imagem anterior, vimos como se constitui, para a psicanálise, o que foi denominado *mundo interno*, estruturado pelo conceito de objeto.

Com um sistema de *telescopagem* se incluiriam representações de *investimentos libidinais* em objetos internos, que conformariam o denominado *espaço intrassubjetivo*.

A proposta da próxima imagem, em contrapartida, é posicionar a temática que corresponde à *outridade*.

Todo sujeito – nesse caso um homem – está situado em determinada posição no mundo. Como é impossível ser usuário simultâneo de todos os pontos de vista, posicionar-se em determinado ponto supõe haver optado por alguns deles ou por determinados vértices, tendo dispensado outros. Em função disso, a imagem sugere certa *estaticidade*.

Embora, a partir da divisão constitutiva de personalidade – a *Spaltung* que postulara a psicanálise –, outro setor de si esteja também vigente e ativo, será com os dois setores que um sujeito irá intercambiar sentido com os outros.

O outro, em sua *dimensão de real*, nesse caso uma mulher, terá para o sujeito um setor passível de ser "conhecido" por identificação; será o máximo representável desse outro. Mas também terá para o sujeito um setor opaco, rocha viva incognoscível: será o real ou o alheio desse outro.

O intercâmbio efetivo com o outro, isto é, com "*efeito*", será consequência da incidência discursiva do outro no *mundo representacional significativo do sujeito.*

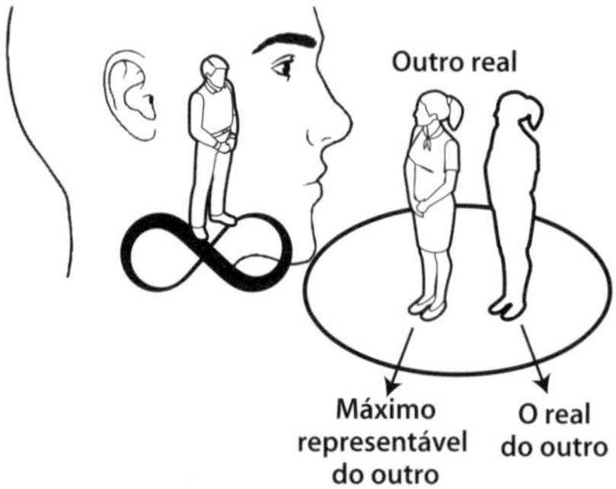

O primeiro nível de inscrição do outro será o que denomino *outro externo* (*OE*). Corresponde ao recém-mencionado como "*máximo representável do outro*". Nessa inscrição, não ter a convicção de transparentar o outro e, portanto, não o conhecer por completo implicará incluir também o incognoscível dele: seu setor opaco.

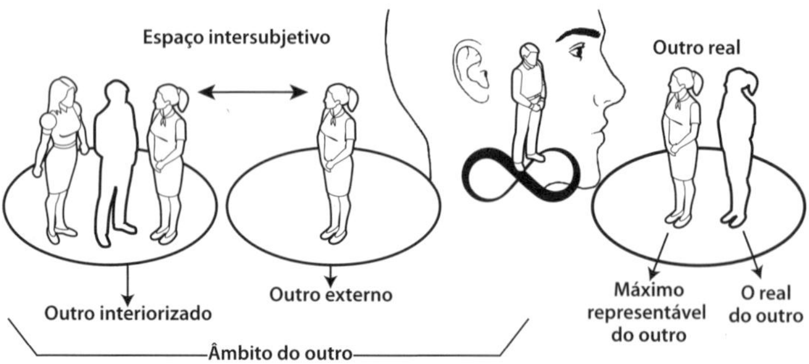

Um segundo nível de inscrição, menos "realístico", é o denominado *outro interiorizado* (*OI*). Transita de um polo no qual se exaltam as suas virtudes até o extremo oposto, no qual se denigrem suas características.

Um ponto que me interessa destacar especialmente é que a *posição sujeito* daquele que inscreve é consequência dos vínculos com os outros significativos. Isto é, serão os outros do vínculo que vão instituir seu *posicionamento subjetivo*.

Desse jeito, ficaria conceituada outra lógica de inscrição, o *âmbito dos outros*, que se diferencia do *mundo interno*, patrimônio dos objetos internos.

Em relação à especialidade psíquica com a conjunção dos dois primeiros se determina o espaço intersubjetivo, e, com os dois últimos, o intrassubjetivo.

Entre o âmbito dos objetos internos e o do outro interiorizado, aparece uma *ponte quebrada*. Em termos gráficos, a ponte quebrada tende a reafirmar que não há transcrição entre os dois tipos de inscrições.

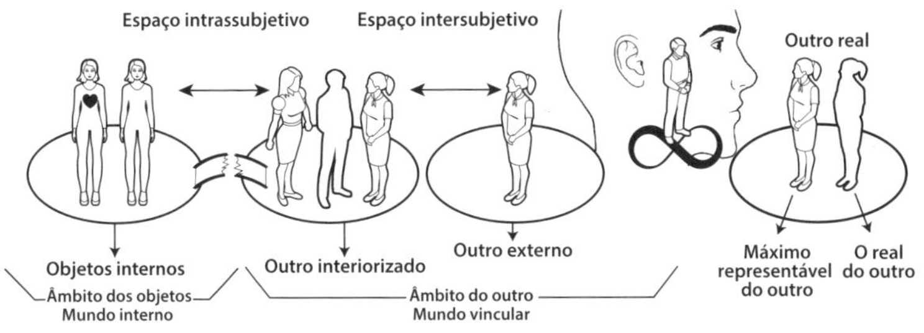

Postulo, finalmente, que o contato inconsciente de um sujeito com o âmbito dos seus objetos internos e com os outros significativos do seu mundo vincular é o que lhe outorga a *vivência de mesmidade*.

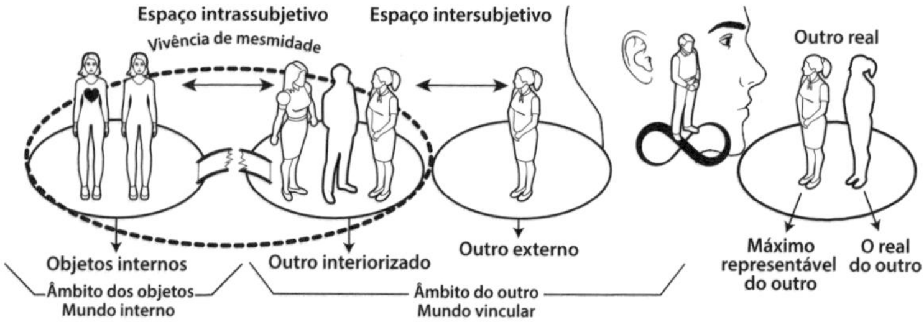

* É importante notar que estou propondo a inscrição de outros, como tais, na vida psíquica. Daí a nomenclatura do outro externo (*OE*) e do outro internalizado (*OI*), habitantes do mundo vincular em seu próprio direito.

Por sua vez, como mencionado no gráfico, a posição de "sujeito" do inscrito é subsidiária ao vínculo com seus outros significativos. Por essa razão, o "sujeito" implica, como já mencionei, subjetividade e sujeição. O efeito de estar sujeito aos outros que nos dão subjetividade e pertença é o que eu chamo de "ancoragem subjetiva".

Mundo vincular: a inscrição do outro

http://livro.link/kr14

Interpenetração de mundos psíquicos

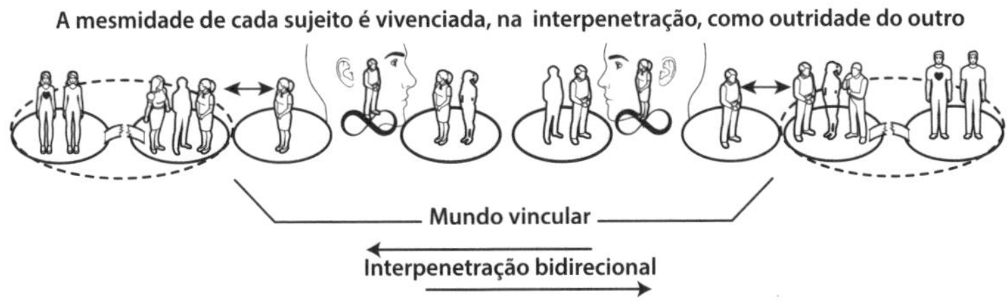

Em um *casal*, vincular-se supõe *interpenetração de mundos psíquicos* que conformam um *mundo vincular*. Trata-se de um novo contexto de significação, diferente daquele que cada um trazia de suas famílias de origem ou de vínculos significativos prévios.

A *vivência de mesmidade* de cada membro será comovida pela inclusão do outro no mundo significativo próprio. A fim de proporcionar maior precisão conceitual, pode-se dizer que *sujeito e outro, como categorias teóricas, se instituem mutuamente*. Não é que não existisse um sujeito antes: havia, mas era de vínculos prévios e, portanto, configurado com diferentes outros. Será como consequência de cada intercâmbio efetivo que sujeito e outro irão constituir-se reciprocamente, por e para esse vínculo em particular.

* O "mundo dos vínculos" e a "interpenetração dos mundos psíquicos" são ferramentas conceituais às quais atribuo um valor particular nos tratamentos de casal. Como já mencionei, quando formamos um casal, o fazemos em determinado lugar subjetivo. Vale a pena saber, então, que "formar um casal" ou "fazer um casal" implicará trabalhar em nossa posição em vínculos anteriores.

Não há dúvida de que o posicionamento filial em particular ou aqueles correspondentes a casais ou casamentos anteriores serão pontos de ancoragem dos quais teremos que "nos mover". Por essa razão, propus as noções de "ancoragem e mudança subjetiva". Por sua vez, esse processo faz sentido para entrar mutuamente na experiência do eu do outro, desenhado em forma oval e que pode ser pensado como uma "pele psíquica", que pode ser porosa ou blindada. Ou seja, permitirá a entrada do outro, com sua "alteridade" ou, ao contrário, a blindagem não o tornará possível. Finalmente, mais um comentário sobre a interpenetração: as formas pelas quais os membros de um casal podem se "interpenetrar" são variadas. Uma versão que evidencia isso são as relações sexuais, nas quais uma parte do corpo de uma pessoa está dentro do corpo da outra. Mas são também as trocas verbais e afetivas. Não é por acaso que o conflito do casal fere, quase desde o início, as três maneiras mencionadas: eles deixam de sentir afeto para com o outro, tendem a diminuir a troca verbal e, geralmente, interrompem o contato genital.

Interpenetração de mundos psíquicos

http://livro.link/kr15

Vínculo e sujeitos do vínculo

O *intercâmbio efetivo* entre os membros de um casal, pela interpenetração de mundos que implica, gera um produto emergente que denomino *vínculo*.

O vínculo não estava antes nem é subsidiário das histórias identificatórias. Trata-se de uma terceira instância que tem o caráter de "guarda-chuva simbolizante".

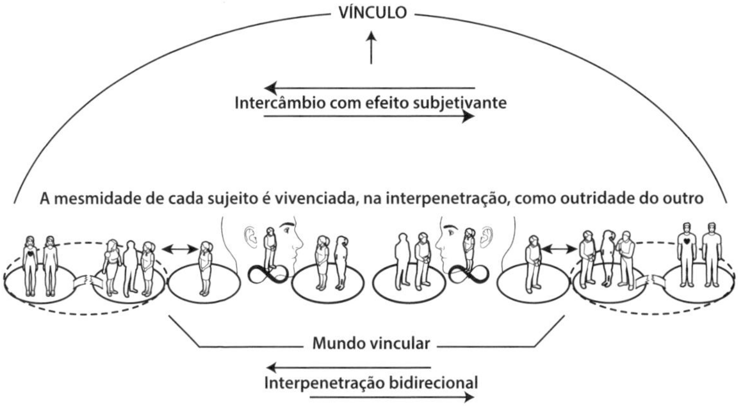

É esse terceiro produto que vai outorgar aos membros do casal a condição de *sujeitos do vínculo*.

O caráter polissêmico da palavra *sujeito* supõe, nesse caso, tanto uma nova subjetividade como a sujeição ao outro.

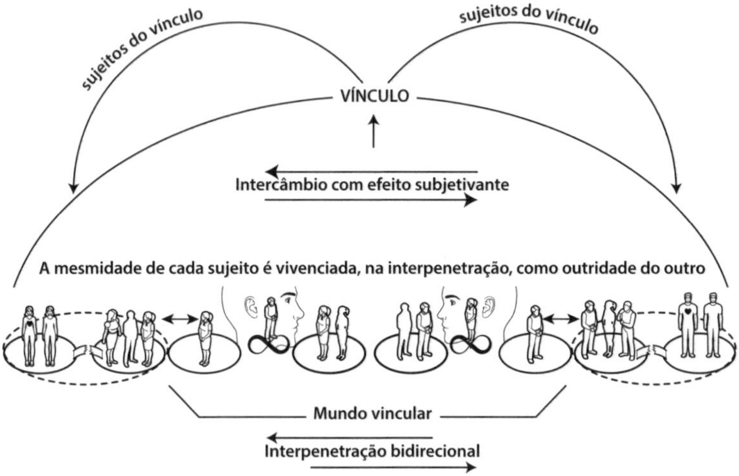

Vínculo e sujeito do vínculo

http://livro.link/kr16

Multiplicidade transferencial em uma sessão vincular

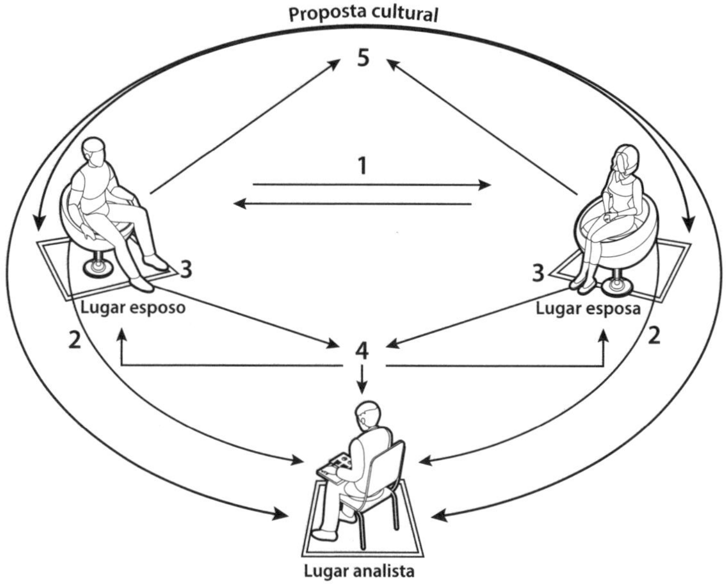

Neste esquema, tentarei discriminar *múltiplas linhas transferenciais* que podem se manifestar em uma *sessão de casal*:

1) *Recíproca*: cada um dos membros do casal com o outro.
2) *Lateral*: cada membro do casal com o analista.
3) *Radial*: cada um dos membros do casal com o vínculo.
4) *Vincular propriamente dita*: do vínculo com o analista.
5) *Transubjetiva*: cada membro do casal com o *lugar* que propõe a cultura, tanto para os pacientes como para o analista.

De minha perspectiva, o *analista de casais encarna o terceiro termo* e, desse modo, outorga voz ao vínculo. Relança, assim, para o trabalho psíquico de seus membros, aqueles aspectos que ficaram pendentes de transformação e que geram os conflitos de casal.

Multiplicidade transferencial

http://livro.link/kr17

Transferência vincular

Este esquema tenta explicar o funcionamento de uma *sessão de casal* da perspectiva vincular.

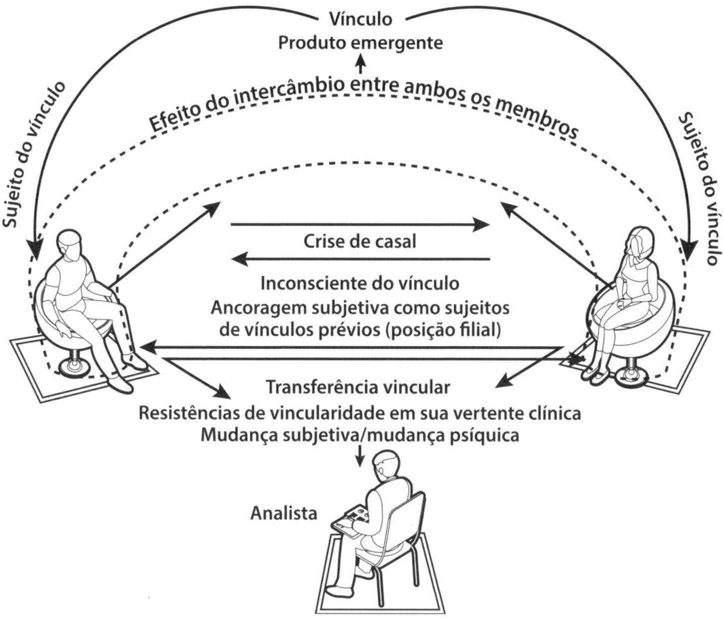

O intercâmbio de ambos os membros, por meio da interpenetração mútua, gera um produto emergente como terceiro termo, elemento que chamo de *vínculo*.

O *vínculo*, como "guarda-chuva simbolizante", instituirá as pessoas que compõem o casal como *sujeitos do vínculo*.

A partir de nossa concepção teórico-clínica, o inconsciente vincular inclui os posicionamentos, bem como as ancoragens subjetivas, que cada membro possui inconscientemente como efeito do fato de ter sido sujeito de vínculos prévios.

Essas ancoragens determinarão e outorgarão conteúdo ao setor das crises do casal, que irão aparecer na sessão como resistências de vincularidade.

Não as concebemos como resistências a se vincular, mas como efeito do atravessamento do vínculo que exige desempenho subjetivo.

Será o intercâmbio com efeito entre os membros de um casal que vai gerar um produto emergente que denominamos vínculo.

Portanto, o vínculo, como elemento terceiro, é o que os institui como sujeitos desse vínculo em particular.

Definimos como *transferência vincular* as diferentes configurações discursivas, na fala e no ato, produzidas pelos membros de um casal e determinadas pelo inconsciente vincular.

Ao encarnar o terceiro termo e dar voz ao vínculo, o analista lançará novamente as resistências de vincularidade para sua tramitação.

Assim, será possível uma potencial mudança subjetiva, com a consequente mudança psíquica, tanto pessoal como vincular, dos membros do casal consultante.

Transferência vincular

http://livro.link/kr18

Vivência de "mesmidade"

Nesta imagem, serão expostas as alternativas que ocorrem no *espaço intersubjetivo* dos sujeitos que conformam um casal no estabelecimento de um vínculo.

Como mencionei nos esquemas anteriores, considero que o *posicionamento subjetivo* é, ao mesmo tempo, consequência e efeito das redes vinculares estabelecidas com *outros significativos* no decorrer da vida.

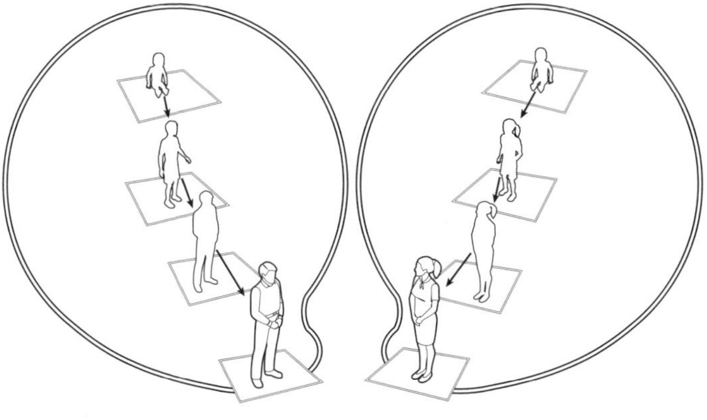

Como tento plasmar na imagem, trata-se de uma *história subjetiva* que corresponde a diferentes momentos vitais em que o sujeito, como tal, não possui uma corporeidade positiva e fica apenas "posicionado", como consequência de ter sido instituído pelos outros naquele lugar. Entendo que, desse modo, se constrói, em cada um, a *categoria de sujeito*.

Construção das categorias de sujeito e de outro (sujeito)
Efeito da mudança subjetiva

Cada vínculo exigirá de seus membros uma *mudança de posição subjetiva*, já que implica a passagem de uma posição prévia para outra, de caráter imprevisível. Essa passagem, vivenciada como uma mudança subjetiva, é inerente ao estabelecimento de todo novo vínculo que "pede rendimento subjetivo e exige condições".

A inclusão do outro em sua *outridade* no seu mundo significativo próprio comoverá a vivência de *mesmidade* de cada participante do vínculo.

O efeito dessa comoção será a emergência de resistências próprias da vincularidade, cuja elaboração implicará *trabalho psíquico, tanto para os pacientes quanto para o analista*.

* Nessa última parte da sequência, eu quis me concentrar na análise do casal. Para começar, o que estou chamando de vínculos? Considero isso uma terceira instância, um produto de troca com efeito (com interpenetração) entre seus membros.

Assim pensado, o vínculo não estava antes na vida psíquica de seus membros; ele é original e próprio de cada casal. A forma coloquial como isso se torna evidente aparece em expressões como: "em meu matrimônio" ou "em meu casal". E, embora pareça um pouco estranho, da perspectiva que estou propondo, isso não implicaria que dois sujeitos tenham um vínculo, mas sim que "um vínculo tem dois sujeitos"; isso significa que ele os engloba e os posiciona.

Uso o termo "sujeito" num duplo sentido: por um lado, ele lhes dá subjetividade, dando-lhes a pertença a determinado grupo; por outro, lhes dá sujeição, porque eles estão sujeitos, isto é, amarrados a outros.

Pode ser útil enfatizar aqui que parto do pressuposto de que nós, humanos, carregamos dentro de nós um "sujeito no devir". Isso significa uma personalidade potencial a ser desenvolvida. O que se observa clinicamente é que esse desenvolvimento é dificultado pelas apropriações identificadoras que fazemos dos traços de nossos "outros significativos". Apesar de essas identificações serem essenciais para o crescimento psíquico, dado que têm o valor de um apoio, elas acabam se tornando um obstáculo para o funcionamento da vida adulta. Entretanto, como o desenvolvimento subjetivo continua a pulsar, a remoção de obstáculos tem que ocorrer por meio de processos de desidentificação. São esses processos que eu chamo de "mudança subjetiva". Os obstáculos estarão presentes nos conflitos interpessoais porque eles são vividos como "encarnados" nos outros.

É por isso que, nas sessões de casal, as demandas mútuas que fazem parte da crise são o efeito de que, para cada um deles, o outro "é o obstáculo". Visto dessa perspectiva, o conflito do casal torna-se o "caminho real" para entrar no vínculo inconsciente e, simultaneamente, a forma pela qual os membros do casal podem se "curar em ato" com o outro.

Esses seriam os momentos em que a mudança subjetiva do casal teria a oportunidade de ocorrer.

Vivência de mesmidade

http://livro.link/kr19

Parte II

Clínica

1. Clínica individual: a emergência do material analítico em sessão

María del Carmen e o tema do "mamparo"

María del Carmen era uma paciente de pouco mais de 50 anos, que eu atendia havia dois anos e meio, em um tratamento de frequência semanal e face a face.

Uma característica central de María del Carmen era que ela se definia como alguém que vivia sempre "por trás de um mamparo".[1] Referia-se desse modo a uma característica pessoal que implicava viver dissociada: presente, porém subjetivamente ausente. Uma anedota um tanto tragicômica, em relação a essa característica, foi exemplificada pela paciente com uma situação vivenciada no Havaí, onde estivera alguns dias de férias antes de se casar. Em um momento ela se encontrou bastante afastada da costa, em um colchão inflável

1 O autor indica que a palavra certa é "mampara", termo que em espanhol denota "box de vidro", tipo de biombo ou porta desse material utilizada como divisória na decoração de banheiros. Considerando o que a paciente pronunciava como um lapso, talvez concentrasse "mãe e amparo" (em espanhol: "madre y amparo"). [N.T.]

flutuante com que tinha entrado no mar. Ficara descansando, sem reparar que a corrente a levara para águas mais profundas. Ao voltar para a costa, os amigos lhe perguntaram se não tinha ficado com medo dos tubarões, e só então ela conseguira reparar no perigo ao qual se expusera.

O seguinte relato surge em uma sessão coincidente com o aniversário de sua filha mais velha, de 21 anos, situação sobre a qual a paciente vinha falando em sessões anteriores.

Chegou pontualmente e, ao entrar no consultório, se virou e me disse de modo um tanto imperativo: "Preciso do banheiro". Ao voltar e começar a sessão, comentou que iria falar com o marido sobre o episódio vinculado ao nascimento dessa filha. Ela sempre quisera falar da aventura que ele tivera fora do casamento, no final da primeira gravidez dela, mas ele nunca quis. Isso certamente os levou a passarem dois anos separados.

Apenas no último período de análise, sentindo-se mais conectada, reparava em quão chocada tinha vivido todos esses anos como consequência desse episódio, embora reconhecesse que "viver por trás do mamparo" era uma característica prévia. Nesse momento da sessão, lembrou-se de quando deram o primeiro banho na filha (começou a se angustiar e chorar), esclarecendo que isso foi feito pelo marido e pela sogra. Nesse momento vinha-lhe a imagem do banheiro: ela em pé, atrás, vendo a sogra e o marido ajoelhados, dando banho na sua filha. Como foi que permitiu que estivesse ali a sogra e não ela? Não se perdoava por isso (e começou a chorar com maior intensidade).

Eu lhe disse: "Que especial é o modo como aparece o material de sessão, porque a senhora me pediu o banheiro[2] de um modo

2 Cabe esclarecer que em espanhol o termo usado é "baño", palavra que faz referência tanto ao banheiro quanto ao ritual de higiene. No material original

muito particular: 'Preciso do banheiro!'", esclarecendo para ela que aquela era a maneira como se antecipava a aparição da lembrança daquele outro banheiro/banho, no qual agora ela dizia que precisava entrar imperativamente.

María del Carmen me escutou com atenção, assentiu com a cabeça e continuou chorando.

Roberto e sua inibição laboral

Mesmo parecendo melhor e criativo, ele não conseguia oferecer os cursos que tinha projetado, ainda que recebesse pedidos de alguns conhecidos do seu círculo próximo.

Reparava em quão diferente se sentia quando trabalhava como gerente para alguma empresa. Nessas oportunidades, o rótulo empresarial funcionava para ele como "crachá", uma espécie de pompa com a qual conseguia atemorizar qualquer um. Ele invejava "os caras de pau", aqueles que, sendo ignorantes, conseguiam se atrever a oferecer qualquer coisa a qualquer um. Muitas vezes dissera a si mesmo, comparando-se com outros docentes: "Sei mil vezes mais do que esse cara e, no entanto, no momento de oferecer o que é meu, fico inibido. Eu me digo que é para ficar de olho nisso, de olho naquilo, de olho em tudo".

Assinalei: "Novamente o olho. Parece que o reencontramos em relação com a inibição". Roberto, sabendo de que estávamos falando, acrescentou: "Parece que, para sair, tenho que fazer como

---

a paciente "necesita el baño", expressão que, pela ambiguidade que a palavra apresenta, permite a remissão direta àquele banho que o trabalho interpretativo do dr. Krakov desvenda, para além do simples espaço destinado às necessidades e à higiene do corpo. [N.T.]

os jogadores de futebol americano. Com capacete e todo armado, caso queiram me encher de porrada".

O tema do olho foi uma situação que abordamos em um momento muito avançado da análise. Quando ele tinha 9 anos, procurando um lugar para se esconder dos irmãos, enquanto brincavam de esconde-esconde, tinha caído em um porão de um negócio que estava em construção em uma galeria. Como consequência dessa terrível batida, ficou inicialmente inconsciente e teve uma atrofia de papila em um dos olhos, de que praticamente perdeu a visão.

Ricardo e o "acidente" na infância

Estávamos em um enquadre terapêutico de entrevistas por 4 a 5 meses, duas vezes por semana, face a face. O paciente chegara em uma situação de urgência, que abrangia tanto questões matrimoniais como laborais. No que dizia respeito à esposa, ele não sabia como resolver um estado de pouca afetividade entre eles. Ficava preocupado com que decisão tomar em relação ao casamento, pois tinha dois filhos pequenos, de 4 e 2 anos.

No laboral, parecia ter perdido o interesse na atividade que realizava, experimentando, além disso, uma sensação de risco muito angustiante porque mantinha um caso com a mulher de seu chefe. Assombrava-o a ideia de que, se o marido descobrisse, poderia matá-lo.

Uma característica que assinalei para Ricardo, desde o começo, tinha a ver com seu jeito de falar. Para mim, resultava muito difícil conectar-me com sua interioridade, como se ao falar se gerasse um estado nebuloso que não me deixava ver. O paciente compreendeu meu assinalamento e reconheceu que costumeiramente não falava como quando estava na sessão. Acrescentei que talvez a mesma dificuldade que eu tinha fosse experimentada por ele no momento de se conectar com seu mundo emocional.

Depois de algumas entrevistas, no final de uma delas, ele me disse: "Nunca contei isto para ninguém. Mas, quando eu era criança, quando tinha 6 anos, um senhor veio à noite golpear a porta da nossa casa de campo, procurando meu pai. O homem quis entrar pela porta da frente e depois pela de serviço. Estava escuro, e meu pai perguntava: Gómez, é você? Gómez, é você? Então, meu pai, que estava com uma arma na mão, disparou um tiro pelo olho mágico e feriu o homem. E, apesar de tê-lo levado de carro para o hospital, o homem morreu". A partir desse comentário, nas entrevistas seguintes a participação do paciente mudou. Reconhecia que aquele fora um episódio que marcara muito tanto ele quanto sua família. No entanto, nunca tinham falado a respeito, mesmo já adultos. Nunca ninguém tocou nesse assunto, nem os irmãos nem a mãe, mesmo depois de o pai ter morrido. Aquele episódio tinha ficado sempre no limite "nebuloso" entre ter sido um acidente, porque o tiro saíra da arma do pai sem intenção, ou porque este quisera matar quem vinha procurá-lo porque se tratava de um marido que buscava vingança pela infidelidade de sua mulher com o pai de Ricardo.

Em uma das entrevistas posteriores, o paciente começou dizendo que sua mulher tinha voltado de uma viagem ao exterior. Ela levara os filhos para o colégio, mas tiveram de voltar. A professora e a diretora fizeram esse pedido para a mãe como prevenção pela epidemia de gripe suína. "Isso é um absurdo, os meninos não têm culpa", comentou. Depois passou a falar no tema laboral. Decidiu não fazer nada e esperar um pouco até a situação melhorar, para eventualmente mudar de trabalho. Achava que estar desse jeito, de certo modo, era um ato de impunidade.

Eu lhe disse que o emprego da palavra "impunidade" não tinha muito a ver com o que ele queria comunicar a respeito da situação laboral. Mas que, junto com a frase "os meninos não têm culpa" que dissera anteriormente, talvez "o impune" aludisse a que, em relação àquele episódio de sua infância e às consequências desse fato nele, parecia pensar que "os meninos não têm de ser punidos pelas ações dos pais".

Além disso, compreendemos, de outra perspectiva, sua enorme angústia porque um marido desejoso de vingança poderia matá-lo. Parecia provável que Ricardo pensasse, intimamente, que aquela morte "ficara impune".

Lucía. O "costume" de se levar sozinha

A paciente chegou pontualmente.

Paciente: [Com voz distante, como se estivesse afastada da sessão.] Continuo fazendo o mesmo, sem mudar. Continuo me sentindo mal fisicamente, mas não posso parar, mesmo reparando nos sinais que meu corpo está dando. Apesar do que vemos aqui, não consigo mudar.

Analista: Acho que está querendo dizer que o que eu lhe dou não a penetra.

P: Sim, escuto-o, mas sinto que é como se o que me diz não me penetrasse. Não sinto prazer, não consigo curtir. Reparo que continuo do mesmo jeito, e nesse sentido penso que é por algum motivo que continuo com essa forma de agir.

A: Talvez faça referência a um sentimento de poder, a sentir que consegue tudo sozinha, que se interpreta sozinha e não depende do que eu lhe possa oferecer.

P: Veja o acaso. Ontem minha mãe me contou que quando eu era criança e estava começando a andar, eu me levava sozinha. [Puxando para a frente o suéter com cada mão na região dos mamilos.] Eu me pegava assim e me levava.

A: Parece que desde pequena tem essa satisfação de se levar sozinha e não precisar de "nós".

P: Como é possível, sendo tão pequena?

Esteban: o tema da visão 3D

O paciente tivera um caso com uma colega enquanto estavam no exterior a trabalho. Por serem casados, acharam que a aventura iria terminar definitivamente assim que chegassem a Buenos Aires. "Um episódio ocorrido entre dois adultos." De fato, essa foi a mensagem que Esteban passou para ela assim que voltaram para Buenos Aires. Ele telefonou para lhe afirmar que tudo tinha acabado. A partir daí ela começou com insistências e reclamações para se encontrarem. Mensagens com xingamentos e uma infinidade de e-mails ameaçadores. Finalmente, Esteban, que não respondia a nada do que recebia daquela mulher, decidiu enfrentá-la, marcando um encontro para conversar. Assim, soube que ela desejava "que ele aparecesse, que não se escondesse por trás de um telefonema". Depois daquela conversa pessoal, Liliana não o contatou mais.

No entanto, Esteban percebia que algo se passava com certas pessoas; por exemplo, em relação a Liliana. Alguns conhecidos em comum comentaram que ela era uma pessoa psicologicamente muito instável. E agora, depois do acontecido, achava que não tinha levado em consideração essas advertências no momento de levar adiante a aventura amorosa que mantivera com ela.

Era uma situação que o deixava preocupado, porque relacionava isso a um assunto recente com seu amigo Cláudio. Tinham falado ao telefone e Cláudio comentara que tinha passado por uma situação dramática: ficara internado por 24 horas em um pronto-socorro, praticamente inconsciente. "Por quê? O que aconteceu?", perguntou

Esteban. "Estive em uma festa; bebi bastante álcool e consumi muita droga", foi a resposta. "Como assim, você se droga?", perguntou Esteban, surpreso. Então, o paciente esclareceu que "nunca tinha reparado que Cláudio se drogava". Claudio jamais tinha lhe falado que consumia cocaína, "e isso porque somos muito amigos, de nos falar sistematicamente, de nos contar coisas pessoais". No entanto, falando depois com amigos em comum, aconteceu o que previamente comentara comigo em relação a Liliana: todos sabiam que Cláudio consumia cocaína.

Eu lhe disse então que, pelo seu relato, ele parecia ter uma visão plana, como se tivesse dificuldade de estabelecer um olhar que incluísse certa profundidade. Por esse motivo, talvez os outros conseguissem ver o que ele não via. O paciente sorriu e me disse: "Sabe, fui ao oftalmologista por causa dos óculos, e ele me disse que não tenho visão 3D. Mas que não tem importância nenhuma; que muitas pessoas não têm visão 3D e não sabem disso. Mas, da última vez, fui ao cinema com minha filha para assistir *Avatar* em 3D. Usamos os óculos e todos diziam: "Ah!!! ...Uh!!! ...", e eu tirava e punha os óculos e tanto fazia. E, sabe, olhei para minha filha, que também tirava e punha os óculos, e de repente me disse: 'Pai, vejo o mesmo com ou sem óculos'. Parece que é hereditário", acrescentou Esteban.

2. Relato dos sonhos em sessão: tomografias computadorizadas do mundo mental

Marcos: o sonho da cabeça vazia[1]

Paciente: Estou pensando em algo... algo em que estive pensando quase o dia todo. Na verdade, tem duas coisas que hoje vieram à minha cabeça, mas uma é o sonho que tive à noite. Era um sonho muito, muito real, o cenário todo era como é exatamente na realidade. Era a sala de aula onde estudo línguas no espaço de um conhecido da Sociedade Helênica. Eu estava praticando o alfabeto e de repente... sabe... eu travei em uma parte do alfabeto que não conseguia dizer. Não lembrava bem como continuava e comecei a repetir a letra na qual tinha parado... mais ou menos assim, e comecei a repetir de um jeito, assim, meio obsessivo, como quando eu confiro oitocentas vezes a fechadura, tipo assim, como essas coisas esquisitas... Ao meu lado esquerdo estava sentado um cara que é o pior do curso, que vai mal nos estudos e nas outras coisas também. E, de repente, olhou para mim e disse: "Você já disse, já disse", e eu lhe disse "Cala a

1 Meu agradecimento ao colega que supervisionou comigo o material clínico de Marcos e me autorizou a utilizar o sonho para esta publicação.

boca", como querendo dizer: o que você vai dizer se é o mais burro?, "Cala a boca", e fiz assim na cabeça dele [faz um gesto com a mão no momento da descrição, como dando um tapa na cabeça de alguém, a partir da nuca]: "Para com isso, como você vem falar?". Mas tinha a cabeça tão leve, não tinha nada dentro, apenas toquei nele, segui com a mão e bati a cabeça dele na mesa. Fiquei impressionado, não tinha nada dentro, a cabeça era tão leve que parecia de papelão, tinha vento dentro, tanto que senti que batia a cabeça na mesa. Tive pena dele, porque tinha batido na cabeça de alguém que era mais fraco do que eu e pedi desculpas, e ele me disse "Não, não, não foi nada" com a expressão de palerma que sempre tem [sorri], e tenho a impressão de que a cabeça dele ficou mais achatada na testa, ficou com a forma da mesa onde batera. O cara é assim, isso é o mais engraçado, parece assim, tipo "cabeça de vento", alguns zombam dele quando erra, dá mesmo pena, dá pena vê-lo assim.

Comentários

Em princípio, não se distingue o sonho do resto do relato geral em sessão. Não é um produto separado, com entidade própria. Por sua vez, o sonho mostra claramente que, de fato, Marcos era um paciente com a cabeça arrasada. Sua maneira de ser ficava exemplificada pela cabeça vazia do seu colega que, ao bater na mesa, adotava a forma daquilo contra o que batia. Marcos, segundo sua própria descrição, muitas vezes se identificara com "Zelig", personagem de um famoso filme de Woody Allen que mudava seu jeito de ser e de agir em função do contexto em que se encontrava.

Cecilia: sonho em que as paredes são infiltradas

Paciente: Estava na minha atual casa e começava a entrar água. Era uma enchente de água e lama que entrava por todos os lados, pelas portas, pelas janelas e também pelas paredes. O curioso era que a água entrava através das paredes. Eu estava com uma vassoura tentando tirar a água e a lama, e reparava que ficava exausta pelo esforço sem conseguir tirar a água que continuava entrando. Notava que ao lado tinha um terreno que, apesar de estar molhado, não estava alagado como minha casa. Ia então à casa do lado para alertar a vizinha sobre o alagamento, e ela respondia que na sua casa não tinha entrado água, que era conveniente que eu fosse averiguar no centro da cidade.

Comentários

A característica predominante da paciente é que não dispõe de limites nítidos que permitam diferenciar fantasia de realidade, interior de exterior. Talvez o mais marcante, e ao mesmo tempo revelador, do sonho fosse a infiltração de água através das paredes. Na linguagem onírica, poderia se estabelecer uma correspondência entre esse elemento e a dificuldade de estabelecer um limite que separe adequadamente "um interior de um exterior". E, além disso, o sonho mostra seu esforço esgotante para resolver essa dificuldade.

Blanca: "problemas na cabeça"

(Uma sequência de sonhos.)

Sonho 1: no sonho, ia ao cabeleireiro para pintar os fios brancos. Bem, já era tempo de ir pintar o cabelo... cobrir os brancos... então o que eles faziam era... como se fossem branquear, deixando os cabelos brancos em vez de cobri-los. Era a proposta que eles me faziam para depois não sei que coisa. E eu dizia, "mas...", e eu dizia que... em geral, eh... como que não... como que não... não percebia muito bem como era isso, né? Parecia-me que me branqueava... Mas, bom, esse era o sonho.

Sonho 2: enxergava um pássaro de bico grande, que dentro do bico tinha um piolho ou uma pulga. O bico era parecido com uma concha ou uma ostra.

Associações: o pássaro parecia um tucano. Piolho ou pulga: lembrou que depois de uma viagem teve medo de ter pegado piolhos.

Sonho 3: vê-se verificando a cabeça da filha mais nova e, no cabelo, vê três espaguetes de cabelo de anjo. As massas se tornavam três vagens grandes. Abria uma das vagens com a unha e dentro havia um piolho ou uma pulga. De um extremo da vagem saía algo, como se fosse mel.

Sonho 4: via uma menina que derramava um prato de sopa de cabelos de anjo na cabeça.

Comentários

Blanca era uma paciente com um estilo fortemente anedótico incoercível. Na hora de "branquear" sua situação, na linguagem do sonho do cabeleireiro, estou convicto de que seu dizer anedótico era a atuação transferencial de um estar em sessão a partir daquele "bico de tucano" do sonho. Era para ela uma armação protetora, que talvez evidenciasse sua estrutura psíquica, ao mesmo tempo que resultava restritiva. Decerto, nas sessões, quando ela falava e eu interpretava, dramatizávamos uma cena na qual minhas palavras batiam contra essa armação. Assim, compreendo que grandes períodos da análise de Blanca iam me deixando a sensação de estar "semeando no deserto".

Mariana: o tema do vibrador

Paciente: Tive um sonho muito esquisito. Tinha relações sexuais com Cecilia, a assistente social. Eu estava no meu quarto, mas não era meu quarto, ainda que no sonho fosse meu quarto, e ela entrava e eu sentia que a tinha que caçar.[2] Como se a encurralasse para ter relações sexuais. Mas parecia que ela também tinha entrado no meu quarto para me caçar,[3] porque queria procurar algo. Mas isso de entrar para procurar algo parecia uma desculpa para passar diante de mim, no meu quarto. Então me aproximei dela como que a encurralando. E a outra cena é que estamos ela e eu em uma cama. Eu a vejo de costas, despida diante de mim, e a abraço muito forte por trás, como se para ter relações sexuais com ela. Esse era o sonho. Muito esquisito. [Breve silêncio.]

Analista: Ocorre-lhe alguma coisa a respeito desse sonho?

P: [Silêncio.]

A: Não me refiro à interpretação do sonho, mas às ideias com que relaciona o material, que ideias surgem, mesmo que não se relacionem diretamente com o sonho.

P: Não sei o que terá a ver, mas lembrei que ontem estava assistindo a um programa de TV, um programa mexicano sobre sexo. Agora percebo que tem a ver com o tema do sonho, sobre sexo. É de uma jornalista a quem ligam para perguntar coisas sobre sexualidade. Tinha ligado um homem que pelo sotaque parecia argentino, dizendo para ela que estava preocupado porque sua parceira usava um vibrador. Além disso, se excitava assistindo a filmes pornográficos em que há relações entre mulheres. Então a apresentadora lhe disse que não era para ficar preocupado, porque se ela lhe contava era porque tinha intimidade e confiança nele para falar no assunto.

---

2 No texto original, em espanhol rioplatense, a paciente enuncia: "yo sentía que la tenía que cazar, con z", marcando o "z" da grafia do termo, visto que nessa variedade do espanhol existe homofonia nos termos "casar" (unir pelos laços conjugais) e "cazar" (perseguir animais para prendê-los). [N.T.]

3 Novamente, no texto original, a paciente esclarece que é "cazar, con z". [N.T.]

Comentários

Mariana era uma mulher jovem, inteligente e muito empreendedora na sua profissão. O sonho revela, pela associação com o programa de TV, que o preocupado por sua atividade em sessão parecia ser eu, e não ela, pela utilização do vibrador.

3. Dois exemplos clínicos: Leandro e Hernán

Leandro[1]

- A seguir está uma síntese do padecimento que um paciente expôs na sua primeira entrevista, motivo pelo qual pedira a consulta. Leandro tinha 25 anos e a aparência de um "menino grande". Sentia-se mal consigo mesmo porque tirara dinheiro do local onde trabalhava, e o que sentia como mais criticável era o fato de ter roubado um amigo, que lhe oferecera um bico porque Leandro estava desempregado e sem renda.

Na entrevista disse, desconcertado:

"Fiz a mesma coisa nos quatro trabalhos que tive e nunca enfrentei a situação. Sempre disse que não tinha sido eu. Estou ferrando minha vida inteira.[2] Não posso dizer não para ninguém,

---

1 Krakov, 2001a.

2 No texto original, o paciente expressa: "*Me estoy cagando toda mi vida*", fazendo uso do verbo "*cagar*", no sentido figurado de "estragar", "ferrar". Este é um giro idiomático significativo na apresentação e na compreensão do material. [N.T.]

nem para mim mesmo. Para tapar um buraco, entro sempre numa confusão."[3]

Seus roubos eram para pagar os cartões de crédito, com os quais gastava mais do que podia assumir.

A respeito da sua história, depois contou que, quando criança, levava guloseimas sem pagar de um quiosque próximo a sua casa. O pai, que sabia o que acontecia, não falava nada para ele, e no final do mês pagava a conta que o encarregado do quiosque indicava. Já adolescente, conseguia sair dos supermercados comendo chocolates sem pagar. Atravessava a linha das caixas com ar de quem não comprara nada, enganando e zombando dos funcionários e dos seguranças.

Não era a primeira vez que fazia uma consulta psicológica. A primeira fora com 7 ou 8 anos de idade, porque "não segurava, me sujava", mencionou.

Esse último dado, com o motivo da consulta e as anedotas que relatara, possibilitava construir uma primeira hipótese sobre sua problemática.

Leandro padecia da insistência de um traço infantil que fazia sintoma em um paciente adulto. Seguia "sem segurar", roubando os outros. As palavras do paciente, "Estou ferrando minha vida inteira", eram suficientemente eloquentes.

Era possível pensar que "o Leandro grande" emprestava o corpo àquela criança encoprética que continuava sendo no seu inconsciente. ("Não posso dizer não para ninguém, nem para mim mesmo.") Dessa

---

3 Neste ponto, o autor faz um esclarecimento em uma nota de rodapé, no texto original, indicando que coloquialmente uma pessoa que age como Leandro e rouba um amigo é chamada de "cagadora". Em espanhol rioplatense, esse termo denota o caráter enganador, ardiloso, traiçoeiro ou mentiroso de uma pessoa. [N.T.]

perspectiva, ao manter a fantasmática de base, o paciente parecia ter transformado a encoprese da sua infância em um traço de caráter.

Qual seria "a operação genuína" em um tratamento analítico de Leandro? Lembremos da proposta freudiana, nesse sentido:

> *Todos os recalcamentos acontecem na primeira infância; são medidas de defesa primitivas do ego imaturo, fraco . . . E, assim, a análise faz com que o ego desenvolvido e fortalecido realize uma revisão desses antigos recalques . . . Esses novos diques têm uma consistência totalmente diferente dos anteriores; vale confiar que não irão ceder tão fácil à preamar do acréscimo das pulsões.* A retificação com posterioridade [*Nachträglichkeit*] do processo de recalcamento originário, que limita o hiperpoder do fator quantitativo, seria então a operação genuína da terapia analítica. *(Freud, 1937, p. 230, grifo meu)*

A criação de um dispositivo analítico teria de acolher a repetição transferencial de roubo como atuação ou talvez como encenação fantasmática em relação com a situação analítica. Analista e paciente poderiam abrir desse modo a problemática edipiana na qual a reiteração sintomática parecia estar encravada, transitando na transferência os numerosos sentidos da sua encoprese atualizada.

Assim, e já habilitado para questionar o ponto de gozo de seu funcionamento, Leandro estaria em condições de "se mudar subjetivamente" da criança encoprética que subsistia nele. Essa mudança seria consequência de se apropriar subjetivamente[4] do fato de "fazer diferente do analista" em relação com os diques

4 Em terminologia kleiniana seria possível denominar esse processo "identificação introjetiva", mesmo não se tratando do mesmo fenômeno.

da analidade. Dessa vez, tratar-se-ia de instalar uma função de interdição, outrora falha ("meu pai depois pagava a conta que o encarregado do quiosque indicava").

Por último, o modo que Leandro tinha de passar o setor de caixas nos supermercados era, com certeza, a encenação do seu fantasma encoprético.

Enquanto as caixas regulavam como e quando era permitido passar, sugeriam ter para Leandro o valor de um esfíncter. Por esse motivo, parecia se encenar um momento encoprético, acompanhado do sentimento de zomba e triunfo sobre aqueles que exerciam uma função de controle.

Ao mesmo tempo, a cena permite pensar a respeito de por que Leandro tinha um sentimento de tanta degradação de si mesmo. Era ele que, por identificação, ocupava o lugar das fezes, ao conseguir atravessar o esfíncter driblando o controle.[5]

Hernán[6]

Trata-se do material clínico de um paciente que tratei há duas décadas.

Hernán tinha me consultado em meados dos anos 1990 para iniciar um tratamento analítico por problemas no casamento. Estava casado com Marta havia dezesseis anos. Tinha dois filhos, um rapaz adolescente e uma filha na puberdade. Tinha trabalhado como gerente em vários laboratórios de produtos medicinais de certo prestígio, embora houvesse alguns anos que já não conseguia se posicionar com estabilidade no mercado de trabalho. Quando me consultou, realizava uma atividade docente orientada para a formação

5 Expressado em linguagem anal, ele se sentia "uma merda".

6 Krakov, 2007.

de representantes de laboratório, motivo pelo qual seus rendimentos eram muito escassos. Subsistia graças a algumas poupanças que fizera em épocas de prosperidade e aos aportes de Marta, que recebia um salário mensal por seu trabalho de contabilista em um escritório de contabilidade.

Após as entrevistas iniciais, começamos um tratamento face a face, com uma frequência de duas sessões semanais.

Desde o princípio, Hernán me falara das dificuldades que tinha no seu casamento, motivo pelo qual mantinha havia doze anos uma relação com uma outra mulher, que chamava de "*polaquita*".

Progressivamente, o paciente foi trazendo com maior intensidade temas referidos à sua sexualidade. De modo simultâneo à sua vida matrimonial e extramatrimonial, transitava um circuito que fomos denominando "da prostituição e das travestis". E, além disso, no fim do expediente costumava visitar alguma "Sauna"[7] para ter uma relação genital fugaz ou então para que praticassem sexo oral nele. Isso o acalmava das ansiedades e inquietações laborais do dia e lhe permitia "voltar para casa sedado".

Dois meses depois do início do tratamento, e por causa de sua insistência em falar apenas do "tema Marta", propus a utilização do divã. Hernán aceitou minha proposta sem dificuldade. A indicação foi baseada na convicção de que, ao serem sessões face a face, o mesmo enquadre poderia potenciar um clima coloquial e anedótico.

De qualquer jeito, apesar da modificação, sua atividade nas sessões resultava semelhante àquela do "paciente do discurso ininterrompido". Segundo ele mesmo dizia, poderiam se passar horas

---

7 "Sauna" é o nome com que se publica, nos meios de comunicação, a oferta de sexo prostituído.

enquanto ele dava uma aula, cativando a audiência, fato que fazia com que ninguém lhe perguntasse sobre o assunto tratado.

Hernán, além do "tema Marta", possuía a clara intuição de que tinha de fazer algo com aquilo que acontecia em sua vida. Dispunha de rendimentos limitados, e, apesar disso, durante os últimos anos, pela manhã se vestia "como um gerente", como aquele que já fora em algum momento de sua vida, e perambulava sem rumo pelo centro da cidade, até se instalar diante de um computador para se dedicar a assistir pornografia na internet por horas.

Nesse meio tempo, em suas sessões se intensificou a análise da compulsão para transitar pelo circuito da prostituição e, em particular, pelo tema das travestis. Dava-se conta de que tudo se tornara cada vez mais degradante e de risco legal. Não só pelo tipo de personagens com quem mantinha contato sexual, mas porque, com maior frequência, procurava moças menores de idade para que fizessem sexo oral nele no carro.

As travestis o excitavam muito, dizia, embora nunca pensasse nelas como homens. Ainda assim, em várias oportunidades, enquanto as penetrava, havia lhe passado pela cabeça "Segura aí, vou te arrombar". Tal situação fez com que se lembrasse de que, nos jogos infantis, costumavam dizer para quem perdia: "vai embora, *culeado*".[8]

Nessa altura, teve um sonho no qual passava o braço pelo ombro de um homem desconhecido. Afagava a bunda dele e, com o sentido do tato, reparava que era "a bunda da *polaquita*". Teria de assumir essa orientação sexual? Será que ele gostava mesmo de homens? Era algo que se colocava com um sentimento familiar e alheio ao mesmo tempo.

Também lembrou que um grupo de amigos lhe dissera que um ex-sócio dele era homossexual. "Você soube que ele é veado?",

8 Sodomizado, em sentido pejorativo.

perguntaram-lhe. Hernán ficou muito surpreso porque nunca tinha pensado nem visto o ex-sócio desse jeito. Seria pela própria homossexualidade negada?

Por essa época, uma noite se alarmou muito diante da imperiosa necessidade de enfiar algo em seu ânus. Conseguiu se acalmar em um passe de mágica quando, deitado na sua cama, lembrou que, quando ele e seu irmão tinham febre, sua mãe lhes punha supositórios.

Evocou uma notícia publicada no jornal. Um homem, que fora preso, foi estuprado por um grupo de reclusos, fato depois do qual o homem endoideceu. Hernán comentou que achava que, se ele passasse por uma situação dessas, poderia até matá-los.

Mas o que significava esse tema tão reiterado? Por que esse interesse pelas travestis? Eram perguntas que insistiam de modo enigmático.

No entanto, para ele ficava evidente que, quanto mais aparecia o tema na sua análise, menos se sentia pressionado pela compulsão.[9]

Mais à frente em suas sessões, trouxe uma série de sonhos que o inquietavam.

Em um deles, ia tocar na genitália da sua filha em criança, mas fora acordado pela angústia. Outro sonho o mostrava indo e vindo por um corredor, sem parar, de modo cansativo, razão pela qual acordava exausto. Em outro, aparecia fazendo sexo oral em Marta e também acordara exausto pela reiteração. O sonho, em sua totalidade, consistia apenas nisso, embora fosse uma atividade que durava horas.

Em uma sessão posterior, Hernán voltou a um estilo fortemente anedótico. Deixei-o falar um momento e depois disse-lhe que o escutara, mas não me ocorria nada para lhe dizer. Ele me respondeu

9 De fato, meses depois, o circuito da prostituição e das travestis acabou por completo.

que percebia que estava relatando, mas que não conseguia fazer outra coisa. Disse-me: "Não consigo separar o joio[10] do trigo".

Então intervim, dizendo (agora sim ocorria-me o que dizer): *estava se masturbando na sessão,*[11] algo que fora preanunciado nos sonhos de reiteração.

Produziu-se um silêncio tenso.

Surpreendera-o o surgimento de uma lembrança. Sendo ele adolescente, com 17 ou 18 anos, via uma cena na qual brincava com meninos de 3 ou 4 anos, filhos de vizinhos do bairro, que ficavam na sua casa sob sua responsabilidade. Lembrou de tê-los tocado. Propunha-lhes brincar de médico, ordenava-lhes abaixar as calças e encostava a genitália na bunda das crianças ou então tentava que sugassem o seu pênis, mas nunca os penetrara. Fez algumas vezes essas "brincadeiras" e parou porque achou que aquilo poderia acarretar consequências para ele e as crianças.

Teria sido abusado em criança?, perguntou-se seguidamente, e lembrou de cenas no quintal da frente da casa da avó, onde havia grandes plantas de jasmim. Nesse local brincava com o irmão e um menino mais velho, um adolescente que morava em frente. Mas, a certa altura, sua mãe, zangada, não quis que o vizinho voltasse a brincar com eles. Foi depois de acontecer um episódio diante da família: ao ver que o cano de esgoto de um dos tetos derramava um jato de água, dissera rindo: "parece o *pichi*[12] de Jorge Bullo".

---

10 Em espanhol o termo usado é *paja* ("*separar la paja del trigo*"), palavra que, além de denotar o caule dos cereais, é usada no espanhol rioplatense e em um sentido vulgar como equivalente de masturbação na locução "*hacerse la paja*" (masturbar-se). [N.T.]

11 Intervenção que o dr. Krakov faz a partir do giro linguístico do termo *paja* em espanhol. [N.T.]

12 Uma das formas infantis de fazer referência, em espanhol, à genitália masculina. [N.T.]

Será que ele fora abusado por Jorge Bullo com a cumplicidade do seu irmão mais velho? Não conseguia lembrar nada disso, mas sempre pensara que algo assim podia ter acontecido.

Na sessão seguinte trouxe um sonho:

Estava fazendo sexo com uma mulher idosa que estava muito seca. Depois se tornava Marta, que estava totalmente lubrificada. Nesse momento a mulher tinha uma enorme deposição fecal líquida. Ele dizia que não se importava com isso, que queria gozar. Então fazia com que Marta pegasse o lençol pelas laterais para conter o líquido fecal, enquanto enfiava seu pênis na boca de Marta para ejacular.

Em uma sessão posterior, a respeito da temática do abuso infantil, lembrou que a filha de vizinhos, uma menina de 4 ou 5 anos, era levada pela faxineira para a casa dele. A menina, em uma ocasião, teve herpes genital, motivo pelo qual suspeitaram de que poderia ter sido contagiada por um adulto, sem a penetrar, esfregando-se contra o corpo dela ao se masturbar.

Breves comentários sobre o material clínico

Um comentário inicial está referido à atividade do paciente nas sessões e em sua relação com a regra fundamental.

Hernán, com sua atividade fortemente anedótica e claramente defensiva, costumava controlar a emergência de elementos imprevistos por ele. Parecia acreditar que fazer análise era pensar nos problemas, aos quais voltava uma e outra vez, o que fazia dele um paciente que falava o tempo todo, mas sempre sobre o mesmo assunto.

O certo é que, desse modo, conseguia manter paralisada a atividade analítica que resultou indício, e também efeito, da consequente imobilidade inconsciente. Os sonhos de reiteração exemplificavam claramente essa situação: ia e voltava por um mesmo corredor ou realizava uma atividade sexual que "durava horas".

Um momento-chave, que significou uma viragem na sua produção, aconteceu quando o paciente afirmou não "poder separar o joio do trigo", diante do que consegui dizer que "ele estava se masturbando na sessão". Tratou-se de uma cena transferencial, configurada por seu modo de falar, na qual ele se estava masturbando ativamente com meu ouvido.

Era a repetição de uma situação de abuso infantil dramatizada em ato, que o paciente realizava sem ter noção disso (tampouco eu), até que se abriram as lembranças.

A temática do abuso se aprofundou com a evocação de episódios de idades anteriores à sua adolescência, nos quais Hernán intuía que poderia ter sido objeto de abuso infantil por parte de seu irmão mais velho e de um vizinho.

A cena de uma criança abusada por um adulto continuou insistindo no material. Mesmo que, como parte do processamento inconsciente, já fosse outro o protagonista em jogo: a menina com herpes genital.

É particularmente interessante o que aconteceu no nível de sua atividade onírica. Dos sonhos reiterativos e extenuantes, passamos a contatar uma produção que envolvia uma intensa elaboração inconsciente. Refiro-me ao sonho da relação sexual com uma mulher que estava muito seca, que se tornava Marta totalmente lubrificada.

No meu entendimento, a lubrificação do sonho expressava em linguagem onírica que a atividade analítica tinha começado a ter mobilidade, sob a forma de um desempenho irreprimível, e confirmava a emergência nas sessões de um material que nos transbordou de analidade e abuso.

As pontes entre os episódios evocados em sessão e o "circuito da prostituição e das travestis" condicionaram o desaparecimento da impulsividade sintomática. Hernán tinha um sentimento de grata surpresa porque a atividade impulsiva de tantos anos tinha deixado de existir quase sem intenção. Ele simplesmente dizia "já não tenho mais aquilo na cabeça".

Meu modo de entender tal modificação na sua vida coincidia exatamente com aquilo que expressava o próprio paciente. Funcionava nele em qualidade de compulsão, subsidiária de uma cisão do ego. Era a partir de tal cisão que se encenava a situação de abuso infantil, colocando Hernán no lugar de "adulto abusador". A compulsão, ao mesmo tempo que perpetuava a situação vivenciada na infância, conseguia mascará-la. A tarefa analítica, ao evidenciar a encenação transferencial do abuso (*Agieren*) e permitir o acesso às lembranças, permitiu solucionar a cisão.

Nesse sentido é que a minha leitura do caso coincidia com o paciente pontualmente: Hernán já não tinha aquilo na sua "cabeça cindida". O paciente, sem conseguir respeitar a regra fundamental,[13] com seu modo de falar encenava uma parte cindida da sua personalidade. Só depois que isso foi percebido e assinalado nas sessões, emergiram na análise aquelas lembranças da sua adolescência.

Hernán encarnava na sua vida o personagem ativo do par "criança abusada/adulto abusador", que evoca a primeira tentativa de domínio pulsional mencionada no jogo infantil do "*fort-da*" (Freud, 1920).

Desse modo, padecia ativamente o sofrido passivamente. A posição sexual passiva, que retornava na clínica por meio de suas múltiplas cavilações sobre se ele era ou não homossexual, ficou mascarada pela passagem à posição ativa repetida compulsivamente.

---

13 O episódio clínico salienta a importância do respeito que os analistas devem ter pela conformação do dispositivo analítico e a necessidade de que os pacientes, por sua vez, compreendam isso claramente e compartilhem esse cuidado conosco.

Post scriptum *e o trabalho da análise*

Dois anos e meio depois de iniciado o tratamento, o paciente ficara estabilizado. Continuava a relação com "*la polaquita*", que já era chamada por seu nome próprio: Graciela. Continuava viajando pela atividade docente que realizava na formação de representantes de laboratório. O tema laboral e suas possibilidades de renda ganharam prioridade nas sessões.

Ao voltar de uma dessas viagens, em sessão relatou o seguinte:

Tinha ministrado um curso em uma cidade da Província de Buenos Aires, e, durante seu retorno, passava de carro por uma das praças. Nesse lugar viu uma mulher caminhando de mãos dadas com um garoto de uns 10 ou 12 anos. Nesse momento passou um homem de bicicleta, que ao vê-los se aproximou deles de cara fechada e pareceu lhes dizer alguma coisa. A mulher soltou a mão do garoto e se afastou, ficando de costas para eles. Então o homem enfiou uma mão dentro da calça do púbere e começou a masturbá-lo. Depois de um momento, a mulher, que parecia ser a mãe do garoto, gritou alguma coisa para o homem, que deixou de masturbar o rapaz e foi embora de bicicleta. A mulher pegou novamente a mão do púbere e partiram a pé.

Hernán me disse que ficara paralisado diante dessa cena. Mas que depois fora invadido pela raiva, mas de um modo tal que sentiu que, se tivesse tido a oportunidade de chegar perto do homem da bicicleta, o teria espancado com um ferro na cabeça.

Minha interpretação desse relato de Hernán foi a seguinte: "Parece que, em algum momento da sua vida, talvez na sua puberdade, 'o perverso' apareceu interposto na sua vida. E, pelo que acaba de me dizer, parece que só agora está retomando novamente seu caminho".

O sujeito inconsciente[14] *e a compulsão repetitiva*

Ambos os pacientes desdobraram na vida de relação suas temáticas inconscientes, sem se dar conta disso. Diagramavam cenas em que envolviam outras pessoas: Leandro tirando dinheiro nos trabalhos ou roubando um amigo. Hernán por meio do circuito da prostituição e das travestis. Essas cenas, com os pacientes transitando em um processo analítico, iam se encenar inexoravelmente na transferência.

Então, enquanto concebo que a reiteração sintomática é levada à frente por um sujeito *inconsciente* que insiste em informar sobre seu estado, afirmo que a repetição compulsiva tem como último fim ser resolvida com a terapia analítica.[15]

Desse modo, desejo salientar o sentido prospectivo que atribuo à compulsão à repetição.

Sabemos que "Além do princípio do prazer" (Freud, 1920) assinala a passagem da primeira tópica à segunda, com o ingresso, na teoria, da pulsão de morte e da compulsão à repetição.

Vale a pena lembrarmos como Freud define a compulsão à repetição: "Então, que relação guarda a compulsão à repetição com o princípio do prazer, *a exteriorização forçosa do recalcado*?" (Freud, 1920, p. 20, grifo meu).[16]

---

14 No capítulo seguinte desenvolverei extensamente a noção de *sujeito inconsciente*, que tento expor como um contributo ao campo psicanalítico.

15 Freud o pensa como a passagem da neurose comum a uma neurose de transferência. D. Meltzer chama esse processo de "colheita da transferência", que se produz espontaneamente se o analista não interfere.

16 Na Standard Edition, a frase diz: "But how is the compulsion to repeat – the manifestation of the power of the repressed – related to the pleasure principle?", cuja tradução livre seria: Mas como está a compulsão à repetição – a manifestação do poder do recalcado – relacionada com o princípio do prazer?

Isso já não se repete apenas para reiterar um prazer vivenciado anteriormente; trata-se de uma força que obriga a isso, embora a situação repetida não seja prazerosa.

Desse modo, chegamos a um cruzamento de caminhos com consequências teórico-clínicas inevitáveis. Se optarmos pelo caminho iluminado pela pulsão de morte, dirigimo-nos para o masoquismo. Ao contrário, ao escolher a direção do sujeito inconsciente que proponho, nosso ponto de chegada é a desidentificação com a consequente mudança subjetiva. Pelo resultado da minha clínica com Hernán, *opto pelo sujeito inconsciente.*

Sustento que o motivo de base pelo qual um paciente consulta um analista é, de minha perspectiva, o almejo de seu desdobramento subjetivo, obstaculizado em seu desenvolvimento. Mesmo que o próprio paciente não saiba disso!

4. Tramitar em ato e mudança psíquica

Este capítulo visa expor um conjunto de ideias pessoais relacionadas a temas centrais em psicanálise.

Trata-se do resultado de mais de quatro décadas de trabalho com pacientes em psicanálise individual e de tratamentos psicanalíticos de casal. Felizmente, ambas as experiências se suplementaram em mim, enriquecendo mutuamente os quadros teóricos dos quais cada uma provinha.

Esse processo, conforme minha convicção, teve valor de "acontecimento", já que desenvolvi uma tese de doutorado[1] sobre *ancoragem e mudanças subjetivas* nos tratamentos psicanalíticos de casal, que me permitiu propor os conceitos que apresentarei a seguir.

1 Minha tese se intitula *Anclaje subjetivo en pacientes tratados psicoanalíticamente en pareja* (Krakov, 2015a). Fiz a defesa pública na Universidad del Salvador em dezembro de 2015.

A psicanálise trabalha

Talvez seja estranho dizê-lo assim, porque habitualmente consideramos que quem trabalha em sessão é o psicanalista, o paciente ou ambos. No entanto, tento propor desde o começo que em um tratamento analítico "quem trabalha" é a psicanálise.

Essa formulação supõe uma série de hipóteses prévias que acho necessário esclarecer.

- Uma pergunta que faz sentido formular, e que exige uma resposta, é a seguinte: por que os pacientes falam do que fazem em sessão e não de outra coisa, levando em consideração que entre uma e outra sessão podem se passar vários dias e acontecer episódios de diferente natureza? A resposta que Freud dá a essa interrogação é a seguinte: cada sessão terá "uma ordem do dia",[2] como nas assembleias de condomínio. E a pontuação de temas, no caso de um paciente, estará predeterminada pelo seu processo inconsciente. Portanto, o que os pacientes expõem em sessão não é produto do acaso nem circunstancial.

- Ao mesmo tempo, sustento que todos os pacientes portam em si um sujeito em devir, obstaculizado em sua expansão, que denomino *sujeito inconsciente*. Essa noção se aproxima daquilo que Freud propôs como divisão da personalidade psíquica (*Spaltung*) e também do conceito de verdadeiro *self*, proposto por Winnicott.

- As alternativas do *sujeito inconsciente* se resolvem nas relações interpessoais. Assim, no começo de uma análise, essas alternativas irão se concentrando na transferência e, portanto, no vínculo analítico.

---

2 A "ordem do dia" de hoje é: os temas a, b e c. Na assembleia vão se tratar esses temas.

- Por esse motivo, sustento que os analistas somos convocados por nossos pacientes como especialistas em "identificar o sujeito em devir", com a finalidade de "saber lidar" com os obstáculos que limitam seu desenvolvimento.
- O analista estará em condições de avaliar o estado do processo mediante o "dizer e o fazer" do paciente em sessão. Nossa "escuta" exigirá uma orientação nessa direção.
- Vale saber que aquilo que não pode ser tramitado nas sessões seguirá acontecendo, como temas interpessoais, na vida de relação dos pacientes. Dessa perspectiva, a frequência semanal de sessões deixa de ser um fato indiferente ou um dado menor.
- O dispositivo para dar conta do processo analítico é conformado pela solidariedade clínica *associação livre – atenção flutuante*. Cria-se assim o equivalente à tela de um osciloscópio.[3] Quando paciente e analista não se enquadram na regra fundamental, "o osciloscópio está desligado". Nesses casos, há uma tendência a ler e trabalhar em sessão sobre aspectos da vida cotidiana dos pacientes.

Sobre a dinâmica clínica

Se um analista utilizar algumas das teorias em psicanálise para dar conta do que o paciente expõe em sessão, realizará "psicanálise aplicada", isto é, aplicando teoria a um texto, como poderia fazer com um romance ou argumento teatral, e desse modo traduzi-lo para a linguagem psicanalítica.

---

3 Refiro-me ao dispositivo médico cuja tela permite visualizar e ler, por exemplo, um eletrocardiograma.

Dos múltiplos efeitos deletérios que essa técnica pode acarretar, vou mencionar dois:

a) O paciente é sempre o *infans* (a boca, o bebê ou a criança) e o analista é, por definição, sempre um representante dos objetos primordiais (o seio, a mãe, o pai ou a lei). Com isso, se confirma, reiteradamente, que a teoria usada pelo analista sempre acerta, tanto na compreensão como na explicação do acontecido. Isso é assim porque cada quadro teórico pode oferecer, por sua vez, as ferramentas para a autoconfirmação de seus predicados.

b) Todo paciente, ao falar em sessão, descreve uma cena, com argumentos e lugares a serem ocupados, que se oferecem como pontos de identificação para o analista. Desse modo, gera-se uma dinâmica similar a um "carrossel", na qual, por momentos, os analistas encarnamos algum desses outros significativos, e outras vezes o próprio paciente. Essa situação é desconhecida ou desmentida mediante a "aplicação da psicanálise", visto que tanto os personagens quanto os lugares a ocupar são sempre os mesmos.

A tramitação psíquica

Freud pensava a tramitação psíquica do seguinte modo:

> *Não esqueçam que as vivências antigas dos histéricos exteriorizam seu efeito em uma ocasião atual como lembranças inconscientes.* É como se a dificuldade para a tramitação, a impossibilidade de mudar uma impressão atual em uma lembrança debilitada, *dependesse justamente do caráter do inconsciente psíquico. (Freud, 1896, p. 216, grifo meu)*

Sustento, como hipótese central da minha proposta, que a tramitação psíquica é realizada em ato com um outro.

Interessa-me salientar que é com outro, e não com um objeto, porque o objeto é definido como tal pelo e a partir do sujeito, enquanto o outro, na sua condição de real, tem existência própria em uma dimensão diferente daquela do sujeito.

Dessa perspectiva, a tramitação será feita em transferência, justamente no limite que permita diferenciar o analista na sua condição de outro e não de objeto. Assim, a tramitação psíquica pode ser pensada em duas fases. A primeira, feita *em ato*, com o analista, mediante o dizer e o fazer em sessão. E depois, em uma segunda fase, o sentido do colocado em ato poderá ser recuperado por meio do processo do pensamento.

De que modo a psicanálise trabalha em sessão?

Depois de ter esboçado o contexto teórico do qual atualmente disponho, desejo sublinhar o trabalho da psicanálise em sessão. Para tal fim, lançarei mão de artigos com vinhetas de revistas da especialidade.

O primeiro material foi publicado na *Revista de Psicanálise da Associação Psicanalítica Argentina*, v. 67, n. 1, 2010. O segundo foi publicado na Coleção de Orientação Lacaniana, da Editorial EOL, em 1992.

Quero destacar novamente que os exemplos se referem a linhas teóricas diferentes, apesar de possuírem um núcleo que caracteriza, de minha perspectiva, a especificidade clínica em psicanálise.

Material clínico 1: a paciente K

O trecho a seguir está no trabalho intitulado "Do baluarte ao *enactment*: o 'não-sonho' no teatro da análise".[4,5]

> *Quando K me procurou e durante bastante tempo, lamentava-se intensamente de sintomas corporais, vagos, constantes, que na falta de outras palavras eram chamados "vertigens". Sua vida estava limitada, fazia anos; os sintomas a impediam de estudar, de sair, de ter amigos. Passava a maior parte do tempo em casa, de cama, seu único refúgio. Dezenas de médicos "nada" haviam encontrado em seu corpo. Ansiolíticos e antidepressivos não faziam efeito e pioravam os sintomas. Em poucas semanas, a essas vertigens acrescentaram-se enxaquecas, diarréias, gripes, febres e outros sintomas que demandavam tratamentos médicos. K se queixava agora também do analista, acusando-o de incompetência e causador desses novos sintomas. Este, incomodado, se sentia ameaçado pelas queixas e pela piora.*
>
> *Com o tempo, nesses sintomas passaram a intrometer-se ansiedade, mal-estar psíquico, medos, percepções ainda quase indizíveis, que se diferenciavam dos sintomas corporais. Adiante, eles predominariam, substituindo o corpo como lugar do sofrimento.*

4 Seu autor é Roosevelt M. S. Cassorla. Foi publicado na *Revista de Psicoanálisis, 67*(1), 137-161, 2010.

5 A versão em português foi publicada na *Revista Brasileira de Psicanálise, 41*(3), 51-68, 2007. O trecho citado aqui foi extraído da versão em português. [N.T.]

Nessa fase inicial, sentia-me inútil e impotente, invadido pelas queixas. K permanecia inacessível a qualquer colocação. Percebia-me lutando para não ser engolfado por suas lamentações e sentia-me presa de sentimentos estranhos, confusos, bastante incômodos. Não os compreendia, e podia observar-me, assim como a K, ambos nos debatendo. Tinha de me controlar para não devolver os ataques que recebia de K. Em outras ocasiões, via-me tentando manter-me indiferente, mas logo me percebia sofrendo, atingido por K. Constantemente me perguntava se minha capacidade analítica estava comprometida. Mas nunca pensei em desistir: sentia um vínculo forte e tinha certeza de que com o tempo as coisas ficariam claras.

A mãe de K tomava antipsicóticos e o pai, falecido, era desprezado por K. Ela se orgulhava de não sentir culpas e colocava seus objetos persecutórios principalmente na família, onde pais e irmãos eram sentidos como falsos e chantagistas.

Com o tempo, os objetos projetados e encapsulados no corpo e na família passaram a ocupar outros espaços. Desenvolveram-se defesas fóbicas intensas, as quais a impediam de permanecer em variados espaços. A situação analítica, no entanto, ficou como depositária de aspectos protetores e um dos poucos lugares onde se sentia bem.

Selecionarei dois trechos de sessões. Estamos no início do terceiro ano de análise, com quatro sessões semanais. No primeiro trecho mostro como K me envolveu num conluio sadomasoquista. No seguinte, o momento M, o analista se descontrola.

A sessão ocorre após um fim de semana prolongado, em que, a despeito de suas fobias, K tentaria fazer uma viagem. Inicia desesperada, dizendo que tem muito a contar sobre a viagem, a sessão não vai ser suficiente, está mal, muito mal, a viagem foi horrível. Segue-se, sem interrupção, uma ladainha de queixas, num tom de voz que intensifica sua importância, tentando mostrar-me seu sofrimento. Conta que tudo foi muito cansativo, horas viajando, muito calor, insônia; ela ficou muito ansiosa antes da viagem, quase desistiu, o hotel era péssimo, a comida, intragável. E sempre se sentindo mal, medindo a pressão a cada hora. Não sabe como conseguira, com muito esforço, passear um pouco. Mas ficou isolada, os companheiros de viagem eram muito desagradáveis. Chegou de madrugada. Teve de acordar cedo para vir à sessão. Está com muito sono. Nunca mais vai viajar de novo. Etc.

Sinto-me invadido pelas queixas e lamentações. A essa altura, já aprendi que interpretações de conteúdos (e ela me oferece tantas!) de nada adiantam. Tento não me confundir com esses objetos, sentidos como odiosos, torturantes, mas mal consigo. Vem a minha mente uma imagem, uma espécie de máquina de tortura que reduz tudo a pó, cinzas de morte. Sinto que preciso tentar brecar rápido o seu funcionamento.

Interrompo as lamentações de K. Ela não gosta. Digo--lhe que percebo o funcionamento de uma "máquina de tortura" trituradora, que transforma tudo em merda. Não gosto de me ouvir – meu tom de voz saiu raivoso e estranhei escutar-me falando "merda". Não costumo falar assim.

Em resposta a minha intervenção, K se queixa, violentamente, que eu não a deixo falar, que não pode se queixar. Grita comigo e me acusa de ter gritado com ela. Digo-lhe que está gritando comigo para que possa continuar a se lamentar, e que seria bom se pudéssemos pensar juntos que função tem o que está ocorrendo. K responde dizendo que eu não acredito no seu sofrimento e detalha mais suas lamentações, com o intuito de me convencer da realidade e da intensidade de suas desgraças.

Assinalo-lhe sua desconfiança e também a dificuldade em perceber coisas boas, a viagem, a primeira em tantos anos, a despeito das dificuldades. (Percebo, imediatamente, que tentava lhe mostrar um "lado bom", para escapar da ansiedade persecutória, e me sinto inadequado.)

K aparentemente não me ouve, mas me surpreendo porque surge um novo material, aparentemente diferente. Conta que chegou em casa de madrugada e não encontrou a mãe no quarto. Ficou assustada. Sem qualquer pensamento consciente, me escapa uma frase: "E você pensou que a tinha matado?". Responde que sim, que havia pensado exatamente isso. Foi tomar banho. Depois abriu a porta do quarto e a mãe estava lá, dormindo. "Mas fingiu que não me ouviu." Pergunto-lhe como sabe que ela ouviu. Diz que fez muito barulho na casa.

A sessão continua com K retomando suas queixas.

O momento M

A despeito de existirem momentos férteis durante o processo, a maioria é abortada; mal se tem alguma consciência deles. Tenho a sensação de me defrontar com um muro, intransponível, em que qualquer tentativa de compreensão é rejeitada ou desvitalizada. É como se K acionasse uma metralhadora giratória, capaz de destruir indiscriminadamente qualquer coisa que se aproximasse.

Ainda que incomodado, tenho a percepção desses meus sentimentos. Imagino que seguramente as coisas ficarão mais claras com o tempo. Minha sensação é de que "água mole em pedra dura...". Ao mesmo tempo que me sinto alvejado e doído, penso que isso me faz sentir vivo, capaz de me recuperar para a próxima fala, para a próxima sessão. Mas, quanto mais vivo eu me sentia, mais intensos eram os ataques.

Ocorreu então o que chamo momento M, quatro meses após o trecho de sessão relatado. Como em outras ocasiões, K transformou uma intervenção minha, deformando-a, e se sentiu perseguida, atacando-me por isso. Não me ouve e insiste teimosamente que eu a acusara injustamente, que falara algo absurdo etc. Grita comigo, enquanto eu me percebia defendendo-me desajeitadamente, querendo convencê-la de que não dissera aquilo.

Nesse momento, sem pensar, bato a mão com força no braço de minha poltrona, ao mesmo tempo que, gritando mais alto que ela, interrompo K. Reclamo que não me deixa falar e não me ouve. Nesse instante ela pára com seus gritos e me diz calmamente, com ar vitorioso, num tom irônico, que eu gritei com ela. Respondo-lhe que sim, que ela tem razão, realmente fiquei nervoso, sou um ser humano. Acrescento: "Ainda bem que posso ficar nervoso, porque senão você me obrigaria a concordar com tudo o que você diz, e nesse caso eu estaria com medo de você, dominado, e você não teria mais um analista".

Depois desse episódio, e nas sessões seguintes, diminuíram as queixas e lamentações. A metralhadora giratória parava por algum tempo, ou parecia menos ameaçadora.

O episódio me deixou preocupado, e foi tomado como uma falha minha. Refletindo, na ocasião, supus que até então me sentira como um analista paciencioso, procurando não me contaminar com as violentas identificações projetivas de K (o que não era fácil) e procurando, com a calma possível, tentar digeri-las e significá-las. O pouco efeito de minhas intervenções e a constância de seus ataques, eu os atribuía a aspectos destrutivos, que tentava interpretar. Quando o momento M ocorreu, supus que a violência das identificações projetivas havia sobrepujado meu limiar de continência e que eu havia sido engolfado pela parte psicótica de K.

Minha perspectiva do acontecido com a paciente K

Um possível modo de intitular meu comentário poderia ser "Quando o analista 'é' a filha de uma mãe psicótica", porque desde o começo gostaria de assentar meu modo de entender o caso da paciente e particularmente o momento M. Por aquilo que tivemos oportunidade de ler, Cassorla considerou que em todo momento ele era sempre o analista que escutava e com quem falava a paciente. Reproduzo alguns trechos nos quais o autor relata como se sentia, no começo do tratamento de K: a) "Nessa fase inicial, sentia-me inútil e impotente, invadido pelas queixas"; b) "Percebia-me lutando para não ser engolfado por suas lamentações e sentia-me presa de sentimentos estranhos, confusos, bastante incômodos. Não os compreendia";

c) "Constantemente me perguntava se minha capacidade analítica estava comprometida. Mas nunca pensei em desistir".

Mais adiante, depois de acontecido o episódio M, em que o analista dá o murro no apoio de braço da sua poltrona, menciona o seguinte: a) "Respondo-lhe que sim, que ela tem razão, realmente fiquei nervoso, sou um ser humano"; b) "Ainda bem que posso ficar nervoso, porque senão você me obrigaria a concordar com tudo o que você diz, e nesse caso eu estaria com medo de você, dominado, e você não teria mais um analista".

Faz sentido pensarmos no motivo pelo qual Cassorla considera que é "sempre" o analista. Ainda mais levando em conta que em toda situação analítica emergem fenômenos projetivos. Podemos obter a resposta a essa pergunta a partir do modelo teórico que o autor utiliza. Ele parece ser usuário de desenvolvimentos conceituais de W. R. Bion, que teorizou sobre o funcionamento primitivo da mente. Postulou que, nos começos da vida psíquica, a mente estaria povoada por partículas beta, que estariam apenas a serviço da evacuação, e elementos alfa, que habilitam e permitem sonhar. Aplicando esse modelo à clínica analítica, o paciente, a partir de sua parte bebê, identificaria projetivamente aspectos psicóticos (partículas beta) no analista-mãe, que, com sua capacidade de *rêverie* (mente materna), as metabolizaria para devolvê-las com significado.

Considero que o maior inconveniente gerado pela utilização desse modo de pensar clinicamente é, conforme meu critério, a firmeza com que "bebê e mãe" acabam sendo os habitantes "naturais" dos lugares "paciente e analista". Coincido com aqueles que denominam esse tipo de aproximação compreensiva de "análise aplicada". Trata-se, como mencionei previamente, da leitura de um texto utilizando conceitos e termos do quadro teórico psicanalítico usados por um analista, que baseia sua prática em interpretações de conteúdo, em geral de caráter simbólico. Sua característica principal, que não a faz pertinente para os tratamentos analíticos, é que os personagens envolvidos sempre acabam encarnando determinada qualidade.

Importa-me transcrever aqui o modo como Freud (1915a) alerta a respeito desse tipo de compreensão clínica. No começo de "Pulsões e seus destinos", o autor faz uma proposta metodológica em referência ao "começo correto da atividade científica". Este consiste em descrever fenômenos "que depois são agrupados, ordenados e inseridos em conexões". Para a descrição em si "é inevitável aplicar ao material certas ideias abstratas", que são os posteriores conceitos básicos da ciência. E acrescenta: "Enquanto se encontram nesse estado, temos de alcançar um acordo sobre seu significado *pela remissão repetida ao material empírico do qual parecem extraídas, mas que, em realidade, está submetido a elas*" (Freud, 1915a, p. 113, grifo meu).

Destaquei na citação aquilo que é do meu interesse salientar. As explicações do acontecido com a paciente K parecem emergir da clínica, mas, pelo que vimos, correspondem ao quadro teórico utilizado por Cassorla. O acontecido poderia sugerir que se tratou de um momento de aborrecimento do analista, que, farto das queixas da paciente, fez uso da sua autoridade no enquadre e lhe disse "aos murros", "as coisas são assim, como eu lhe digo. E acabe de vez com as queixas". Acho, sinceramente, que foi o que aconteceu. O que não quer dizer que, visto da perspectiva do *sujeito inconsciente* que proponho, o momento M não resulte de um valor fundamental. Ao contrário da psicanálise aplicada, considero que nas sessões analíticas ocorrem fenômenos projetivos que devem ser levados em conta pela sua importância radical, motivo pelo qual utilizo como metáfora a ideia do "carrossel" para dar conta do sentido dinâmico da situação clínica. Com isso quero dizer que, tanto nos diferentes momentos de uma sessão quanto na análise em sua totalidade, os psicanalistas podemos encarnar diferentes personagens que fazem parte do argumento exposto pelos pacientes. Seguindo a sequência associativa que o analista fez no momento de expor o caso, o episódio M pode ser entendido do seguinte modo: "A mãe de K tomava antipsicóticos e o pai, falecido, era desprezado por K", disse inicialmente o analista. E então, previamente ao episódio M, relatou o que segue: "Conta que chegou em casa de madrugada e não encontrou a mãe no quarto. Ficou assustada. Sem qualquer pensamento consciente, me escapa uma frase: 'E você pensou que a tinha matado?'. Responde que sim, que havia pensado exatamente isso. Foi tomar banho. Depois abriu a porta do quarto e a mãe estava lá, dormindo. "Mas fingiu que não me ouviu" Salientei a frase que ocorrera ao analista para reafirmar que "o tema da mãe" ocupava sua contratransferência. Mas sabemos que não pensou que se estava dramatizando na sessão. Além do mais, se pensarmos que o dr. Cassorla tinha sentimentos esquisitos que não compreendia, como nos indica, temos motivos para supor que ele estava em um lugar transferencial, informado por sua contratransferência. Visto desse modo, adquire valor o dizer da paciente "fingiu que não me ouviu". Efetivamente, podemos supor que a paciente sugeria que a temática transferencial com a mãe não estava sendo considerada, nesse momento, pelo analista. Proponho entender, de outra perspectiva, o momento M. O analista, com o murro no apoio de braço da sua poltrona, sai de sua identificação "filha" e deixa de estar sujeito a penar por não poder solucionar os problemas de "sua" mãe psicótica, que a paciente lhe oferecia permanentemente com seu "fazer" em sessão. O analista tinha percebido isso: a) "Eu me transformara numa vítima sofredora, num mártir que masoquistamente suportava a dor, não tendo consciência de estar contra-identificado com os mesmos aspectos de K." b) "Minha reação no momento M foi uma espécie de grito de alerta, de basta de identificações com partes masoquistas de K".

Fica evidente que finalmente o analista reconhece ter ficado no lugar de padecimento da paciente. Minha diferença, com o modo de compreender o lugar de "a sofrida", é consequência de considerar que o analista estava no lugar "filha", e a paciente, no lugar "mãe psicótica". Se seguirmos aquilo que o analista foi informando sobre seu sentir, poderemos inferir que a paciente não sabia mais o que fazer como filha dessa mãe. E o murro na poltrona inaugurou um novo momento para ela.

Tento demonstrar que a mudança psíquica, gerada por intermédio de um tratamento de análise, será subsidiária da *apropriação subjetiva* que os pacientes realizarem, em transferência, de um *fazer diferente do analista*. No caso da paciente K, será aquilo que, feito pelo dr. Cassorla, permitiu o deslocamento do lugar "filha" dessa mãe psicótica. A paciente, ao se apropriar de tal "fazer", ficará em condições de desmontar a cena, vigente em sua vida psíquica, e poderá promover, a partir daí, a almejada mudança subjetiva que ficara pendente de acontecer. Suponho que fica evidente que não é minha intenção propor nos tratamentos um "fazer" ao estilo do murro no braço da poltrona do analista. Refiro-me a um "dizer e um fazer", no lugar particular em que somos colocados pelos pacientes em sessão: eles encarnando o "outro significativo" (a mãe psicótica da paciente K) e os analistas no lugar subjetivo que os pacientes tinham naquela cena (filha sofrendo sem saber mais o que fazer). Quando um analista pode "falar" em transferência a partir desse lugar para "a mãe psicótica", deslocando-se do padecimento e do sofrimento, irá outorgar ao paciente a possibilidade de se apropriar desse fazer diferente, e ainda com a chance de promover a caducidade da cena.

Material clínico 2: o trabalho se intitula S.O.S.[6]

> *Um psicanalista me pergunta se posso atender um homem que está em uma situação muito difícil, sua esposa está muito doente, quase para morrer. Ele nunca quis iniciar*

6 A autora é Diana Etinger. Publicado em *La cura psicoanalítica tal como es* (Lacan, 1992).

uma análise, com certeza nem mesmo nesse momento, mas está muito "afogado". Soube também que o irmão dele se analisou durante vários anos. Na primeira entrevista me explica que sua mulher está morrendo, e que é muito difícil viver com alguém que está nessa situação. O que dificulta tanto esse momento é a agressão da mulher, situação que, segundo lhe explicaram, era uma etapa característica deste tipo de processo. Foi expulso do leito do casal e dorme em um canto da casa. "Alimentam-me e lavam minha roupa porque estou ali". Não se importava de ficar isolado em um canto, "Sou um Rambo para viver de qualquer maneira". Pelo contrário, importava-se com o fato de não participar, havia duas semanas, de tudo o que era necessário para ajudar sua mulher. Isso não lhe era permitido. É seu filho mais velho quem toma conta desses assuntos, que é o único com quem consegue falar um pouco. Ficou sozinho, os outros dois filhos (um rapaz e uma moça adolescentes) são solidários com a mãe. Supõe que, assim que ela morrer, terá de morar em outro lugar.

Ao longo do relato repete "não posso lidar com isto" (refere-se ao controle sobre si próprio). Saliento isso dizendo que no decorrer de poucos minutos ele repetiu a mesma coisa mais ou menos dez vezes. Ele retifica: "foram seis vezes", e não o repete mais. Como vemos, mesmo hesitando, ainda se coloca como amo do seu ser e oferece as provas disso.

Pergunto o motivo dos ataques da sua mulher: "é totalmente irracional". Com certa dificuldade consigo saber que ela o acusa de infidelidade. Mas, esclarece, isso não é verdade. Essa acusação não tem história, sempre foram um modelo de casamento para familiares e amigos, ao longo de 21 anos. Mas... sempre existiu um ponto difícil, um controle exasperante de sua hora de chegada. E, quando ele demorava, aumentavam a tensão e a severidade da esposa. Depois passava. Demoras "inocentes", por causa do futebol, do xadrez ou do cinema, mas, como ele resistia a ser controlado, quando ia jogar xadrez dizia que ia ao futebol ou vice-versa.

Uma história irrepreensível, demoras inocentes, mentiras inocentes. Mas no último mês a situação se tornara um inferno. Também com dificuldade me revela outra parte da história. Sua mulher tinha descoberto uma dessas mentiras costumeiras. . . . Desse modo, digo-lhe que não compreendo, que não compreendo a atitude dos seus filhos supostamente explicável pela solidariedade com a mãe. Ele sempre foi um bom pai, "éramos um clã", "agora me expulsaram do clã". Mas, em uma oportunidade de uma consulta psicológica que fez junto com os filhos para poder assumir o processo da doença da sua mulher, fica sabendo que seus filhos acham que ele é um mentiroso. Nunca tentou esclarecer isso com eles, de fato parecia confirmar aquela percepção, coisa que assinalo. E então diz: "tenho um traço mentiroso". Relaciona esse aspecto à sua profissão, pela qual, conforme afirma, é obrigado a mentir constantemente... Deixo-o com uma pergunta: o que será que faz com que ele tenha de demonstrar sua condição de mentiroso?

Na entrevista seguinte, fico incorporada no Outro diante do qual ele precisa ficar como mentiroso, pois confessa que, em verdade, há dois anos aproximadamente ele mantém relações sexuais casuais com diferentes mulheres. Assinalo para ele que isso não justifica a versão que sua mulher, seus filhos e familiares têm dele, a saber, "o canalha que abandona sua mulher moribunda por outra". E insisto na pergunta que ele ainda não se faz. O que será que o leva a ter de demonstrar seu traço mentiroso? . . . Mas o tempo pressionava, a morte é um momento de concluir que não admite a demora do tempo de compreender. Por isso, pergunto-lhe se existe alguma relação entre a mentira e sua história, de seus pais ou avós. Responde sem hesitar: "Sim, meu pai". E fala de um pai que sempre enganara a mulher, sua mãe. Ela falava "pestes" dele com seus filhos, ele era o "antivalor". E esclarece que, no entanto, depois da morte do pai percebeu que ele "lhes deixara coisas importantes". . . . Esse homem levava seu sintoma sem dar por isso e sem muito sofrimento. Até que um real inapelável o defronta brutalmente com a castração do Outro e o luto. E um luto pode acionar outro, nesse caso o luto pelo pai. Então foi necessário, mais que nunca, sustentar esse pai e, desse jeito, sustentar-se nele. Mas montou a cena de um inferno do qual não conseguia sair. Assumiu uma falta que não era sua e também o castigo por aquela culpa paterna, com a qual apoiava a inocência do culpado: "lhes deixara coisas importantes".

Decifrada essa dimensão do luto e da culpa, pôde esclarecer a situação com sua família. Reincorporou-se no grupo familiar e no leito do casal e organizou a comemoração dos 15 anos da filha. Pouco tempo depois se despediu de mim. Conseguira sair, pelo menos dessa vez, do inferno.

Meus comentários sobre este caso

Neste segundo caso clínico, a analista percebe e assinala para o paciente que os aspectos da situação familiar relatados por ele não justificavam que os filhos o considerassem um mentiroso. Diante desse assinalamento, o paciente confirma que "tem um traço mentiroso". A analista, intuindo que se trata de um elemento central, pergunta-lhe sobre os antecedentes familiares desse posicionamento mentiroso na vida dele ou em pais e avós. "Ele responde sem hesitar: 'Sim, meu pai'. E fala de um pai que sempre enganara a mulher, sua mãe. Ela falava 'pestes' dele com seus filhos, ele era o 'antivalor'". Novamente encontramos, no material de sessão, a identificação do paciente com um dos seus genitores, e vemos a analista ocupando o lugar de quem defronta o mentiroso. Dois elementos distintivos nesse segundo material: inicialmente, a *colocação em ato com um outro* fora realizada pelo paciente com sua esposa, posicionando-se como mentiroso; em segundo lugar, o fato de ter de tramitar o luto pela morte iminente de sua mulher ativara no paciente o luto pela morte do pai, que se manifestara nas identificações com aspectos dessa figura.

O "fazer" específico do analista e a mudança psíquica

Suponho que, neste ponto da minha exposição, fica evidente que nos materiais clínicos quis salientar a ativação de fenômenos identificatórios nos pacientes, que foram colocados em ação com o analista durante a sessão, manifestações que talvez se observem com maior clareza no caso da paciente K. Por outro lado, no começo deste capítulo, propus considerar que os analistas somos convocados como especialistas em "detectar e saber lidar" com os obstáculos que se opõem ao desdobramento do sujeito em devir que jaz nos pacientes. Aquelas identificações, vitais para o crescimento psíquico, são as que depois se transformam em um impedimento para o próprio desdobramento subjetivo. Portanto, tendo ou não conhecimento disso, os analistas somos chamados a "entrar em cena".

Com isso quero dizer que nos caberia cumprir uma função inversa daquela que acontece no filme de Woody Allen, *A rosa púrpura do Cairo*.[7] Nesse estupendo filme, um dos personagens centrais sai da tela e transita na realidade a partir de sua caracterização como personagem.

Contrariamente, os analistas, posicionados no lugar do paciente na dramática clínica, somos convocados a "entrar em cena". A finalidade implícita é a de "encarnar" *seu lugar e sua participação na cena* que insiste de modo repetitivo em relação ao outro significativo da sua vida. E, a partir daí, responder de outra maneira àquilo que nesse momento fica colocado em ação.

O paciente ignora a encenação do sofrimento padecido, como observamos projetivamente no caso clínico do dr. Roosevelt Cassorla, ao mesmo tempo que também não tem consciência da identificação com aquele (ou aqueles) com quem o sofrimento continua acontecendo na vida psíquica e na atualização da encenação em sessão.

A apropriação subjetiva "desse fazer distinto do analista" no presente transferencial, sobre uma cena com personagens e argumentos de certo passado, seria o modo como surgiriam fenômenos

---

7 É o título do filme extraordinário dirigido por Woody Allen, protagonizado por Mia Farrow e Jeff Daniels. Ela é uma garçonete que mora em um subúrbio de New Jersey com um marido rude e preguiçoso. Seu único momento de felicidade acontece quando vai ao cinema e curte os filmes e seus atores e atrizes favoritos. Ela assiste a *A rosa púrpura do Cairo* várias vezes, até que o ator principal sai da tela para encontrá-la.

de desidentificação no paciente, e consequentemente a possibilidade de uma mudança subjetiva a partir da qual seria possível a mudança psíquica.

Desse modo, e mediante a terapia psicanalítica, o sujeito em devir recuperaria a possibilidade do seu almejado desdobramento.

Parece o mesmo, mas não é

No começo da sua exposição, intitulada *Psicoanálisis y cura*,[8] Maxine González Eloe[9] inclui como epígrafe a seguinte frase: "Eu escuto e a psicanálise cura... além do mais" (Lacan, 1964).

A autora, no final do seu trabalho, afirma o seguinte:

> *Se o analista institui um objetivo curativo da análise, arrisca-se não só a designar limites artificiais ao trabalho e confundir o sentido da escuta, mas também a ser vítima da tendência mais perigosa da contratransferência: o próprio narcisismo, colocando-se em uma suficiência e falsa responsabilidade. Desse modo, como analistas dizemos que o assunto está na escuta, no desdobramento do processo, e que a cura advém "por conseguinte".*

Meu comentário sobre a proposta da colega do México

Sem sombra de dúvida o trabalho recupera, da melhor essência freudiana, a atenção para evitar o "*furor sanandi*", posicionamento

8 Eloe, M. G., 1998.

9 Psicanalista didata, diretora do Instituto de Psicanálise, Associação Psicanalítica Mexicana.

com o qual concordo plenamente, embora seja do meu interesse salientar minhas diferenças em relação ao posicionamento da autora sobre a cura.

Ao propor para a clínica que "a psicanálise trabalha", refiro-me a um sentido particular, tanto da noção de escuta como da de processo, ligados a meu trabalho sobre o *sujeito inconsciente*. Por tal motivo, o analista teria uma intervenção específica a realizar, que excede uma mera escuta. Eu quis salientar esse aspecto em meus comentários sobre os materiais clínicos. *Tal intervenção excede a escuta porque os pacientes não podem modificar por si próprios seu lugar na cena da qual fazem parte apenas por serem escutados*. Justamente, o argumento a ser tramitado requer a participação do sujeito e do outro da cena, pois ambos estão contidos na vida psíquica do paciente. Tanto a desidentificação como a mudança psíquica exigem a intervenção atualizada dos dois personagens. Com isso, sublinho a ação pontual e específica do analista, fato que me leva a sustentar o argumento de que a tramitação psíquica é realizada "em ato com um outro".

5. Clínica vincular: referentes teóricos e clínicos na análise de casal[1]

La chaîne du mariage est si lourde qu'il faut être deux pour la porter, quelquefois trois.[2]

Philippe Héraclès, *Le petit macho de poche*

Sobre referentes teóricos[3]

Neste ponto, desejo mencionar as características do quadro teórico que utilizo atualmente em psicanálise de casal, salientando alguns pontos de interesse que apresento a seguir:

a) Considero "material de sessão" um tipo particular de relato, construído com as contribuições de "pacientes" e "analista" durante a sessão psicanalítica. Nesse sentido, resulta-me

1 Krakov, 2004.

2 "A corrente do matrimônio é tão pesada que para carregá-la são necessárias duas pessoas, às vezes três" (Héraclès, 1984).

3 É importante mencionar que desde 2004, quando elaborei este trabalho, até a atualidade, meu quadro teórico para a análise de casal se ampliou, ficando refletido em grande parte na minha tese de doutorado (Krakov, 2015a).

particularmente útil, para compreender uma sessão de casal, a noção de discurso proposta por Verón (1996), que define discurso como uma configuração espaçotemporal de sentido.

b) Considero que os papéis "paciente" e "analista" correspondem a lugares de um campo assimétrico, gerados em e pelo dispositivo analítico, a serem ocupados pelos respectivos "narradores". Ou seja, serão "pacientes" os que falem livremente em uma sessão sobre si próprios e sobre aquilo que lhes acontece. Então, será "analista" quem, em atenção flutuante, compreenda e decida que aspectos do material dos "pacientes" considera formações que foram colocações em ação do inconsciente, intrassubjetivo ou vincular, ou resistências de vincularidade vigentes.

c) Tomo como indícios, que se referem a sentidos inconscientes, as sequências significantes na narrativa manifesta dos pacientes. Minhas interpretações também estão orientadas pelos significantes privilegiados que aparecem na anedótica coloquial que posso remeter a outro contexto de significação como sentido latente.

d) Sobre a noção de presença: entendo que o outro está presente quando seu discurso "penetra" no discurso do sujeito (e vice-versa). Portanto, não faço prevalecer que os corpos tenham "existência aí", mas pondero os efeitos discursivos do outro no discurso do sujeito. Dessa perspectiva, é possível "estar" sem existir discursivamente para o outro, situações que costumamos denominar atualmente processos de dessubjetivação. A consequência da penetração discursiva e seu registro nos e pelos membros de um vínculo possibilitaram-me trabalhar tanto teórica quanto clinicamente sobre o conceito de "memória vincular".

e) Subjetividade, subjetivação, sujeito. Resulta-me particularmente útil considerar a oferta identificatória que faz toda cultura como subjetividade, o processo de apropriação dessa oferta como subjetivação e sujeito ao resultado de tal apropriação.

f) Posição subjetiva. A noção de sujeito tem caráter polissêmico. Remete tanto à ideia de subjetividade como à de sujeição. Em relação a esse segundo sentido, concordo com a perspectiva daqueles que pensam que o posicionamento subjetivo é efeito dos vínculos com outros. Serão as múltiplas redes vinculares a que estamos sujeitos aquelas que irão outorgar diversos posicionamentos subjetivos.

g) Minha impressão é que, com as ideias mencionadas sobre posicionamento subjetivo, estaríamos, a partir do plano vincular, em condições de dar conta de disrupções potencialmente traumáticas, em lugar de nos referirmos a traumas. Nesse sentido, luto será o nome do trabalho psíquico necessário para a "mudança subjetiva" dos lugares que cada sujeito ocupa, processo que conduzirá o sujeito para a conseguinte reacomodação posicional em relação aos outros com os quais se constitui a rede.

Referentes para a clínica

h) Dispositivo analítico vincular. Todo vínculo exigirá dos seus integrantes "rendimento subjetivo", para além da própria vontade. Em seu caráter de terceiro termo, o vínculo, ao instituir uma nova subjetividade, exige dos sujeitos que o compõem certa mudança dos lugares que já ocupam, em particular do vínculo filial.

i) O dispositivo vincular não só vai concentrar a problemática transferencial vincular ativa, mas também permitirá que o material de um casal se torne discurso, quer como fala, quer como ato.

   As sessões vinculares permitirão que o casal entre em contato não só com o mito constitutivo que o sustentava e lhe gerava dificuldade, mas também com o que ficava velado por aquele elemento.

j) As correntes do matrimônio ou o lugar do analista vincular. Como menciona Héraclès (1984), para carregar a corrente do matrimônio é preciso duas pessoas, e às vezes três, pelo peso que a caracteriza. Segundo meu critério, "aquilo que pesa" não devém apenas pela limitação da liberdade de movimento individual nem pela vivência de restrição da própria "individualidade". Também não tem a ver com a figuração do sentido que pode ter a palavra "corrente", ligada a "condenação". Mas insisto na marca subjetiva inicial que institui em ambos os membros a ligação vincular. Será o intercâmbio efetivo de um casal, com a necessária interpenetração, o elemento que irá gerar aquele produto emergente, o "três", o vínculo. Pensado desse modo, será a partir do *Três*, do peso da corrente como marca subjetivamente vincular, que se instituirá o *Dois*. É desse modo que entendo a maneira como nos tornamos sujeitos de cada vínculo em particular.

Finalmente, desejo salientar que o texto de Héraclès (1984) menciona que para levar a corrente do matrimônio "é preciso duas pessoas, às vezes três" em alusão à figura do amante. Talvez devêssemos considerar essa frase uma produção do inconsciente vincular do autor. Porque, de minha perspectiva, o lugar do analista vincular e o do amante são o mesmo. O amante realizará em ato um triunfo edipiano ou um festival gozoso, pelo fato de encarnar o terceiro termo com um dos membros do casal, com a exclusão do outro. O analista vincular terá a possibilidade de ocupar esse lugar, mas outorgando voz ao vínculo. "Deixará falar" o terceiro termo, em presença e com a inclusão de ambos os membros do casal, visto que eles são os produtores e, ao mesmo tempo, o produto do vínculo.

Trata-se da característica específica do dispositivo vincular, porque sabemos que é inerente a toda clínica psicanalítica que "ninguém pode ser justiçado, executado, in absentia o in effigie" (Freud, 1912).

A fim de que o leitor possa ter contato com a clínica vincular que exerço, vou reproduzir sessões de dois casais diferentes.

Sessão de casal: Estela e Juan

"O senhor me permite carregar o aparelho? Ficamos sem bateria." Juan me perguntou isso assim que entraram no consultório, enquanto me mostrava o telefone celular e o carregador que tinha na mão.

Depois de certo momento de desconcerto, estando os três em pé, eu lhe disse que sim e lhe apontei a tomada onde tinha um abajur, perto de onde eles iriam se sentar.

Já de cócoras e tentando ver se se acertava com a tomada, ele disse, com certa desilusão: "Ah, não dá, porque tem três pininhos, será que naquela dá?", indicando uma tomada que estava ao lado da minha poltrona. Enquanto isso, Estela, já sentada, olhava com interesse, querendo saber onde, finalmente, seu marido iria colocar o carregador do telefone.

Então eu lhe disse que a tomada do abajur tinha um adaptador. Como em um passe de mágica, isso o acalmou. Pôs o adaptador no carregador e o conectou à tomada. A luz verde, que confirmava que o aparelho funcionava sem dificuldades, ficou acesa. Juan, com sua mão, cuidou que o telefone estivesse bem conectado, acomodou-se na sua poltrona e ficou disposto para que a sessão começasse.

Por um pequeno instante, os três ficamos em silêncio, olhando-nos. Juan manifestava um ar de satisfação. Ela sorria, com os olhos bem abertos, como quem sabe que participou de uma situação insólita para uma sessão analítica. Porque, para nós, "era ela quem sabia de análise", pois estava havia certo tempo em tratamento individual. Para o marido era a primeira experiência analítica.

Olhando para Estela, Juan disse: "Fale você, que tem necessidade". E, olhando para mim, continuou: "Eu me sinto bem. Ela estava com muita ansiedade".

Então Estela assentiu e comentou pormenorizadamente as alternativas dos últimos dias. Não conseguira vir para as sessões nas últimas duas semanas porque a filha, Marina, estivera com muita febre. Estela tinha ficado com ela todos esses dias, sem sair de casa. Marina já ficara doente na viagem que eles fizeram recentemente para o exterior, situação em que Estela se sentira sobrecarregada porque estava com sete meses de gravidez e "a barriga já estava pesada". Marina estivera febril e tivera o equivalente a uma convulsão nos braços de Juan. Pelo menos era o que os médicos tinham dito a eles. Então Juan e Estela recearam que a filha padecesse de epilepsia. De volta da viagem, com essa ideia e por insistência de Estela, conseguiram que o pediatra dela aceitasse encaminhá-los para um prestigiado neurologista infantil. Embora no começo tenham ficado entusiasmados, o alívio por terem conseguido a consulta durou pouco. Amigas deles comentaram que, "quando se consulta esse neurologista, as crianças acabam medicadas". E, de fato, ao avaliar o eletroencefalograma e os antecedentes da menina, o médico propôs não se arriscar e indicou um tranquilizante no caso de Marina ficar febril. Naquela noite, Estela não conseguiu dormir, lendo a bula do medicamento e conferindo a temperatura da filha.

Estela: Tenho uma ansiedade terrível, há uns dias estou com contrações e tomando um antiespasmódico uterino.

Juan: Claro, e não podia falar comigo para que eu a acalmasse (falando com certa ironia).

E: Pois é, não podia falar com ele. Além do mais, roncou a noite toda, eu odeio que ronque!

J: Acho que a reação de Estela é exagerada; é algo irreal. E diante disso sinto que recuo. De fato, agora que a Marina esteve com febre, demos o tranquilizante para ela e não aconteceu nada. O médico falou para Estela o que eu também falo para ela: a gente tem filhos e há certos problemas, mas não temos que exagerar. Mas ela precisa falar com os pais dela. Especialmente sente que o pai dela a compreende, porque começa a pensar, como ela, em tudo o que poderia acontecer.

Analista: Suponho que, quando o senhor diz que o pai dela a compreende, é porque a escuta no mesmo sentido em que Estela pensa.

E: É o que o senhor me disse na outra sessão: "fico com as ideias inflamadas".

A: Acho que estão falando de dois tipos de problemas: de um lado a febre de Marina, com a temática das convulsões e a medicação, e de outro lado as ideias inflamadas de Estela. Juan, que reage com uma atitude lógica diante do problema, acha exagerada a reação de Estela e sente que não pode ajudá-la. Como dissemos outras vezes, "oferece-lhe a geladeira".

J: Sim, acho que é uma reação exagerada. Vamos tomar a temperatura do ouvido, da axila, a retal. O que mais vamos medir? Quanto mais dados temos, pior é.

E: Percebo isso, mas não posso evitar. Não se trata de alucinações, mas começo a ter imagens de que acontece algo com Marina e ela morre ou tem convulsões. E então não consigo sair de casa.

A: Como aconteceu com os receios sobre a faxineira e os beijos com Marina. Refiro-me à filmagem que fizeram do quarto de Marina e como depois Estela ficou assistindo a todos os vídeos, enquanto Juan dormia, tentando descobrir algo. [Em uma sessão anterior, haviam comentado que tinham colocado uma câmera escondida no quarto da filha, por sugestão de Estela, porque receavam que a faxineira tivesse jogos sexuais com Marina quando eles não estavam em casa.]

J: Está vendo, essa atitude gera em mim uma reação contrária. Me afasto.

A: Talvez por isso tenha me pedido se podia conectar Estela em mim – com isso do telefone celular – para ver se eu posso acalmá-la, visto que o senhor sente que não consegue.

J: [Com gesto de ter escutado algo insólito.] Que ao conectar o telefone Estela ia se acalmar?

E: É uma metáfora.

A: Sim, em sentido figurado... Achei que o senhor tinha expectativas de que ao vir para a sessão eu iria acalmar Estela.

E: Sim, ainda mais porque meu analista está em viagem. Se ele não estivesse viajando, eu teria marcado uma consulta com ele. Por isso disse a Juan para virmos mais vezes aqui, mas como são sessões de casal, viemos juntos. Em todo caso, que ele me acompanhe, que também venha.

J: Acho que quem pode acalmá-la é o analista, o senhor, ou são os pais dela. Mais o pai do que a mãe, porque começa a dizer: "Mas que coisa, com ela pode acontecer isto ou aquilo". É só desse jeito que Estela se sente entendida. E o que eu digo é bem diferente disso.

E: O negócio com meu pai é mesmo assim. Mas o problema é que fico o tempo todo com ideias ruins na cabeça.

J: Mas é normal, quem nunca teve fantasias em que os seres queridos morrem? Eu já tive. Às vezes pensei nos meus pais, às vezes na Marina... (sorridente); que acontecia alguma coisa com você, nunca; com você não. Mas a gente tem essas ideias e depois elas vão embora. É normal.

A: Mas talvez seja diferente daquilo que Estela falava antes. Dava a impressão de que ela ficava permanentemente com aquilo na cabeça. E, mesmo esclarecendo que não se tratava de alucinações, que é um modo de dizer que não estava louca, o fato é que é uma tortura que a enlouquece.

E: Falando em fantasias, Marina me perguntou se podia dar um beijo na irmãzinha. Eu respondi que sim, levantei a blusa e ela beijou a barriga. E depois achei engraçado o que ela disse: "Jogaria ela no chão e a mataria. Vou pisoteá-la". Mas ele não achou graça. Na verdade, eu achei engraçado. [Sorridente.]

J: O que eu não acho certo é que riam disso. Não acho engraçado uma coisa dessas. Sei que Marina não faria isso, mas não acho certo que a mãe ria do que ela disse. De qualquer jeito, queria dizer que acho que as ideias que Estela tem são porque ela é muito exigente, como a irmã dela. E, como é muito exigente, então não pode haver algo que não esteja bem. Talvez a exigência fique distribuída quando a Josefina nascer.

A: É provável, mas acho que é uma voz interior que lhe exige que esteja tudo bem, por exemplo, com sua filha. E, se as coisas não estão bem, essa voz a culpa de um modo torturante. Talvez mencionem aquilo de Marina porque a acusação interior que Estela sente é por não ser uma boa mãe. Talvez seja isso que Juan não consegue contatar, essa cena de Estela.

J: Percebo que, mesmo não tendo nada a ver com a febre de Marina, a angústia de Estela é real. Além do mais, acho importante o assunto das convulsões, porque ela viu a irmã dela convulsionar quando era criança. Mas isso não quer dizer que Marina tenha que ter convulsões. Meus avós morreram de câncer de estômago e nem por isso vou pensar que minha filha vai ter essa doença.

A: Que idade tinha quando viu sua irmã convulsionar?

E: Minha irmã tinha 10 meses e eu 7 anos e meio. Com Marina eu fiz a mesma coisa que minha mãe fez com minha irmã. Coloquei ela de bruços, debaixo da torneira de água fria. Minha irmã tinha ficado de olhos virados [falando para Juan]. E você também; não sei se você chegou a ter convulsões, mas te operaram de um tumor nas meninges.

J: Sim. Com 5 anos e meio me operaram de um tumor na cabeça. Lembro sempre de uma cena daquele tempo: passavam os parentes, meus avós, diante da porta do meu quarto, como para se despedirem.

E: [para o A]: Porque pensavam que iria morrer.

J: Sim, eu também pensava que iria morrer. Perdia o equilíbrio quando andava, pendia para um lado. Tinha que ficar com a cabeça um pouco para trás porque sentia uma pontada desde a nuca até a metade da cabeça.

A: Provavelmente a inflamação das ideias de Estela faz com que, dentro dela, não possa diferenciar a febre de Marina das convulsões da irmã. Talvez por isso ela tenha feito o mesmo que fez a mãe e tenha colocado a cabeça de Marina debaixo da torneira de água fria. E, por outro lado, Juan prefere não perder o equilíbrio, como lhe acontecia com o tumor, por isso ele tem de ficar o mais frio possível. Porque, se não for assim, sente que deixa de ter as rédeas de sua vida. De fato, achei que ficou angustiado quando falou dos avós.

E: Sim, também achei que você ficou angustiado.

J: Fiquei emocionado, mas não com a história dos meus avós. Fiquei angustiado quando disse que você tinha visto sua irmã convulsionar. [Tentando controlar um surto de angústia.] Quando eu era criança, tentava não sentir nada. Às vezes passava meses na cama sem pensar em nada, olhando para o teto. Ou então imaginando que ia fazer isso ou aquilo, e não fazia nada. Depois isso passou. E tentei me preocupar apenas com as coisas que justificam que a gente se preocupe.

A: Daí que para o senhor tenha sido importante pedir esta consulta como casal, porque, na briga em que se bateram, sentiu que não conseguia se reconhecer a si próprio.

J: É. Se a gente não tivesse parado, teria se matado.

[Faz referência a um comentário que fez nas entrevistas iniciais: durante a briga, teve a fantasia de bater na cabeça de Estela com um extintor que havia por perto.]

No começo da sessão seguinte, Estela diz que está indignada com Juan. Tivera uma consulta com o obstetra por causa das contrações, antes da sessão, e o médico lhe dissera que, como estava com dilatação, tinha de ficar de repouso para que o parto não se adiantasse. Juan tinha ido buscá-la na consulta, e, enquanto ela lhe contava as recomendações do médico com a esperança de que ele a amparasse, viu-o procurando um chiclete no porta-luvas do carro, "preocupado porque estava com a boca seca". Nesse momento, referindo-se a seu marido, me diz: "O que posso dizer, doutor, o que penso é que Juan é um aparelho".[4] E, dirigindo-se a Juan, diz a ele com dor: "Você é um aparelho. Não quero que você esteja no parto. Se você não é capaz de me amparar, pelo menos não interfira".

Comentários sobre o material clínico

O caso clínico de Estela e Juan possibilita dar conta das sucessivas menções sobre "o elétrico" em que insistiam na sessão: bateria do

4 No texto original a paciente diz "aparato"/"aparelho", termo utilizado em espanhol rioplatense para designar uma pessoa acanhada, desatinada. [N.T.]

celular descarregado, carregar o aparelho, tomada-adaptador, eletroencefalograma, convulsões, tumor meníngeo-perda de equilíbrio, violência física desenfreada. Ao mesmo tempo, as interpretações foram guiadas pelos significantes privilegiados que apareciam na anedótica coloquial, passíveis de remeter a outro contexto de significação, como sentido latente. Por exemplo, o "aparelho", que transitou variando de sentido da primeira para a segunda sessão; "ideias inflamadas-loucura" (ideias sobrevalorizadas, quase delirantes) ou "oferecer-lhe a geladeira-não sentir nada" (como defesa diante dos surtos de angústia, relacionados a episódios pendentes de elaboração).

O mito constitutivo vincular de Estela e Juan, configurado sob o modelo de uma relação em que ela depositava "ideias inflamadas" e ele, por sua vez, oferecia "uma geladeira", acabou abrigando ambos, dando um sustento inicial ao relacionamento. Mas, como se passa com os mitos constitutivos, tornou-se uma "pele vincular" justa que os impedia de complexificar a relação diante da necessidade de crescimento vincular. O analista, ao dar voz ao terceiro termo ("o aparelho vincular descarregado"), ia outorgar a Estela e Juan a oportunidade de "trabalhar" sobre as resistências de vincularidade que o vínculo lhes promovia.

Sessão de casal: Jazmín e Roberto[5]

Era um casal jovem, que me consultou por indicação da analista dela. Tinham discussões e brigas frequentes, situação que não conseguiam resolver, apesar de terem feito intensos esforços. A consulta se enquadrava em um momento em que queriam definir se continuavam na relação, com a expectativa de afiançar o vínculo, ou seguiam cada um para seu lado.

5 Krakov (2009).

Conheceram-se em uma festa havia alguns anos. Desde o encontro inicial, o álcool em ambos e um pouco de droga nele tinham sido fatores que compartilharam e que, de certo modo, mantiveram ao longo do tempo. Relataram que Jazmín bebera muito álcool naquela oportunidade. "Estávamos os dois muito bêbados", disseram. Achavam, desde o começo, que os aproximara o fato de ambos, quando crianças, terem perdido um dos pais. Sugeriram que para Jazmín tinha sido um motivo de encontro e atração o fato de Roberto ter passado por uma situação similar àquela que ela passara na vida.

Em uma sessão do primeiro semestre do tratamento, ela comentou que "não queria ser uma *guacha*"[6] com Roberto e interferir nas saídas com seus amigos. Por outro lado, ele mencionou que ficara esperando por ela algumas horas "com um *puchero*"[7] para jantar, sem saber nada dela. Em sentido coloquial, denomina-se *guacho* uma pessoa órfã, que perdeu o pai ou a mãe, ou os dois. Por outro lado, *puchero*, além da comida típica, é um gesto que se faz, habitualmente na infância, antes de chorar.

As frases "não ser uma *guacha*" e "esperar com um *puchero*", a partir do segundo sentido de ambas as palavras, permitiram dar conta do estado emocional do casal. Ficava evidente que para Jazmín emergia um problema muito difícil de resolver. Como deixar de ser uma *guacha* quando efetivamente ficara órfã quando criança e, além do mais, ela se sentia desse jeito? Por outro lado, o sentimento desconsolado de solidão de Roberto levava-o a esperar com seu *puchero* durante horas, sozinho e frustrado.

Na sessão seguinte, se mostraram mais tranquilos. Jazmín disse que na sessão anterior eu os acalmara. Retomaram, como temática, a proposta de morarem juntos que Roberto tinha feito e a resposta de Jazmín. Ela trabalhara esse assunto no seu trabalho analítico individual

---

6 Termo que em espanhol rioplatense significa "quem perdeu um ou dois pais", mas possui outro sentido, que denota uma pessoa de caráter ruim. [N.T.]

7 Cozido.

e, rindo, comentou que dissera para a analista que, pensando nos acordos prévios com Roberto, se lembrara de um filme dos irmãos Marx. Ele também se lembrava desse filme, e sorriu. Jazmín, interpretando o personagem, dramatizou a cena, lendo um contrato: "A primeira parte do contrato, da primeira parte, da primeira parte", e gesticulava que arrancava a folha. Ambos riram. "A segunda parte, da segunda parte, da segunda parte", e arrancava novamente a folha. "Sim", disse Roberto, "era uma cena muito engraçada". E Jazmín, sorridente, acrescentou: "Minha analista me disse que esse parecia um contrato impossível". "Além do mais, contei para a mulher do meu pai aquilo que o senhor assinalou sobre as brochuras pequenas que fiz para promover as aulas de literatura, e ela disse que eu pareço alguém que, quando está para conquistar algo, não consegue... como se eu não merecesse". Nesse momento o clima da sessão mudou de súbito. Jazmín, morrendo de rir, conseguiu dizer: "Não sei por que estou rindo". Logo depois começou a se angustiar. Com lágrimas, acrescentou que desde que a mãe morrera ela sentia que lhe acontecia aquilo de sentir que não merecia o que tinha. Roberto ficou pálido, olhando para ela e para mim. Eu me senti comovido e notei que meu olhar tinha ficado úmido. Disse-lhe: "Acho que sim, que sua angústia tem a ver com o que a senhora estava dizendo. Que uma mãe morra quando o filho é criança é 'um contrato impossível'. Por isso, o que lhe assinalei na sessão anterior como medo de mudar o lugar em que estava, diante da proposta de convívio que Roberto lhe fizera, tinha como cenário 'a mudança' que teria que fazer. Porque, para decidir viver com Roberto, tinha que sair de seu lugar de filha órfã, trabalho que requer a passagem por este ponto de angústia, ligado ao contrato impossível da morte da sua mãe".

Comentários sobre o material clínico

Como entender esse fragmento clínico? Esse casal, como eles próprios mencionaram, ficou selado na mesma situação de encontro porque ambos, quando crianças, tinham perdido um dos pais. Portanto, nesse caso se tratava de um posicionamento filial particular, visto que compartilhavam uma intensa vivência de orfandade que precisava ser tramitada. A possibilidade de começar a conviver os punha em situação de terem de trabalhar a ancoragem subjetiva em que estavam firmemente instalados. No entanto, para levar a cabo esse trabalho, tinham de estabelecer contato com "o sujeito órfão", que no material de sessão apareceu sob a versão de "não ser uma *guacha*" e do "contrato impossível".

De minha perspectiva, o que aconteceu na vida infantil de ambos foi um assentamento "em excesso" em determinada posição sujeito, fato que lhes exigiria um trabalho psíquico árduo e específico para se desancorarem e iniciarem uma mudança a partir desse ponto.

Três anos depois de concluídas as entrevistas, Jazmín me escreveu para contar que o relacionamento com Roberto tinha acabado e que, um ano mais tarde, tinha migrado para a Espanha. Ali se casara e estava muito contente, porque havia alguns meses se tornara mãe de gêmeos. Não voltei a ter notícias de Roberto.

Glossário[8]

A finalidade deste glossário é explicitar o sentido dos termos que utilizei ao longo do capítulo. Sem sombra de dúvida, existe uma multiplicidade de linhas e abordagens – tanto em sociologia como em psicologia e psicanálise – que podem utilizar sentidos diferentes para os mesmos termos. (Além do mais, também será de utilidade para a compreensão do capítulo seguinte.)

8 Krakov (2016).

Ancoragem subjetiva: é um termo de minha autoria. Com ele, quero mencionar o posicionamento fortemente enraizado que cada pessoa pode ter ao ocupar determinado lugar em relação aos outros.

Interpenetração: parto da suposição de que a vida mental tem um setor de maior intimidade, que proponho denominar "mesmidade". A interpenetração supõe que cada um dos membros de um casal possa ingressar na mesmidade do outro.

Mudança subjetiva: como ocorre com a ancoragem, é um termo de minha autoria. Denomino *mudança subjetiva* a passagem de uma posição sujeito a outra. Assim, para a conformação de um vínculo, é necessária a mudança do posicionamento prévio com o qual se chega a um relacionamento de casal.

Outro: a noção de outro entra em tensão com a de objeto. Esse último elemento, o objeto, é definido a partir do sujeito e pode ser objeto de desejo ou de necessidade. Contrariamente, o outro se posiciona diante do sujeito como tal ao se impor com sua presença por meio das ações ou da fala. "É uma pedra no sapato." Está aí, mesmo que não queiramos! E sempre tem um extra que não permite um conhecimento integral dele.

Outros significativos: são aqueles com quem estivemos ou estamos amarrados, e os que nos outorgam subjetividade.

Pôr em ato: tem o caráter de uma encenação. É sempre com outro ou outros em que estão em jogo identificações. Estas podem ser reconhecidas depois de terem entrado em ação, de modo inconsciente e automático.

Posição sujeito: denomino desse modo o lugar que cada pessoa tem em relação aos outros significativos. Também pode ser considerada posição subjetiva. Com a denominação *posição sujeito*, tento salientar o segundo sentido, em seu caráter de amarrado ou sujeitado àqueles outros.

Resistências de vincularidade: é o terceiro conceito de minha autoria. Correspondem às experiências clínicas, mediante as quais ficam evidentes as ancoragens prévias nos membros de um casal. Não se trata de resistências ao estabelecimento de vínculos, porém aparecem justamente porque o novo vínculo "tocou" em algum dos membros e exige rendimento.

Subjetividade: são as características que toda cultura atribui a seus membros, a quem simultaneamente outorgam pertencimento. A apropriação dessas características se denomina *subjetivação*, e seu resultado, *sujeito*.

Sujeito do vínculo: termo que se refere à relação que cada sujeito tem com seus outros significativos. Eles são o que lhe outorga lugar e subjetividade e, portanto, a possibilidade de constituir-se como sujeito desse vínculo.

Tramitar em ato com um outro: considero que a tramitação psíquica é realizada sempre em ato com um outro. Posso dizer que, do meu ponto de vista, a elaboração psíquica tem duas fases: a) tramitar em ato com um outro; e b) a recuperação dessa ação por meio do pensamento.

Tramitar psiquicamente: conforme meu ponto de vista, corresponde à elaboração psíquica. Realiza-se, a partir da concepção, uma cena com um outro, com um argumento em que se dirimem situações pendentes de elaboração.

Vínculo: é um terceiro produto, efeito do intercâmbio com interpenetração entre ambos os membros de um casal. Tem o caráter de um guarda-chuva que outorga sentido e que coloca os membros de um casal como sujeitos desse vínculo.

Vivência de mesmidade: costumo denominar desse modo o resultado vivencial do contato com o setor íntimo da personalidade. É o elemento que garante que "continuamos sendo os mesmos". Diferencia-se da vivência de identidade, porque esta última pressupõe que somos idênticos ao longo do tempo.

6. Uma resposta possível

A pergunta que estimulou a escrita deste livro foi a que se formulou Green pela frase "De que se trata?", retomando uma reflexão de Lacan (1977) no Seminário 24, no final de sua obra: "Ainda estou para interrogar a psicanálise sobre a maneira como funciona. Como é que constitui uma prática que, inclusive, é às vezes eficaz?".

Porém, a pergunta sobre a eficácia clínica da psicanálise vigorava, desde muito cedo, nas ideias do próprio Freud.

Nesse sentido, tem valor a frase que James Strachey inclui na "Nota introdutória" de "Análise terminável e interminável", em que Freud (1895/1950), na Carta 133 do epistolário, diz para Wilhelm Fliess o seguinte: "A conclusão assintótica[1] da cura resulta-me em essência indiferente; decepciona assim os profanos".

---

1 Sobre o *assintótico*, o *Dicionário da Real Academia Espanhola* diz o seguinte: "Referente a uma curva: que se aproxima continuamente de uma reta ou de outra curva sem nunca chegar a encontrá-la".

Esse posicionamento sobre a cura também ficava refletido nos trabalhos sobre técnica e no final da sua obra, em que não deixava de denotar certo ceticismo sobre a eficácia clínica da psicanálise.

Por exemplo, em "Recordar, repetir e elaborar", Freud (1914) o expressava do seguinte modo:

> *Nessas circunstâncias* o médico não tem mais nada que esperar, *apenas consentir un decurso que não pode ser evitado, mas tampouco apurado. . . . Na prática, essa reelaboração das resistências pode se tornar uma árdua tarefa para o analisado e* uma prova de paciência para o médico. *(p. 157, grifos meus)*

Em "Análise terminável e interminável", salientava o seguinte: "Dos três fatores que reconhecemos como cruciais (os traumáticos, a consideração quantitativa e as alterações do ego) aqui nos interessa apenas o do meio, o das pulsões" (Freud, 1937, p. 227).

E concluía suas ideias deste modo: "A retificação com posterioridade (*Nachträglichkeit*) do processo repressivo originário, que limita o hiperpoder do fator quantitativo, seria então a operação genuína da terapia analítica" (Freud, 1937, p. 230).

Ao mesmo tempo, enquanto o ponto de referência era a dualidade pulsional, acrescentava-se a pulsão de morte ao questionamento da eficácia clínica.

> *Por outra parte, pugnam contra nós a transferência negativa, a resistência de repressão do ego (ou seja, seu desprazer de se expor ao difícil trabalho proposto), o sentimento de culpa oriundo da relação com o superego e a necessidade de estar doente ancorada em*

> *profundas alterações da economia pulsional. (Freud, 1938/1940, p. 181)*

Depois de expor essa breve síntese do posicionamento de Freud referente à cura analítica, é importante salientar que mesmo na atualidade essa pergunta continua sendo um tema pendente. Nesse sentido, proponho considerar o que diz Juan-David Nasio (2017) em seu último livro.

> *A pergunta que nos fazemos depois do último aperto de mãos, e uma vez que a porta se fecha atrás dessa pessoa que já não será nosso paciente, é a seguinte: o que aconteceu para que agora esteja bem? No final de cada terapia bem-sucedida, pergunto-me sempre o mesmo e nunca acho uma resposta cabal.*
>
> *Assim, o melhor lema que pode adotar um psicanalista se inspira no célebre adágio de Ambroise Paré: "Eu o assisti, Deus o curou". Desse modo, gostaria de propor o aforismo que me guia:* ***eu escuto meu paciente com toda a força do meu inconsciente como psicanalista, mas o que cura é o Desconhecido.*** *(p. 146, grifo do original)*

Não deixo de considerar que, a esta altura da exposição do problema, e com os autores citados, incluindo Freud, dar "uma resposta possível" à pergunta não é uma tarefa simples. Exige o apelo a uma imensa coragem, que estou disposto a oferecer.

Em princípio,[2] proponho outra noção diferente do sujeito do inconsciente, de raiz freudo-lacaniana, relacionada à pulsão sexual,

---

2 As noções teórico-clínicas que vou mencionar agora foram expostas previamente, com certa extensão, no Capítulo 4.

que denomino *sujeito inconsciente*. Sustento que estamos habitados por um "sujeito em devir", que está obstaculizado em seu desdobramento. Essa consideração vai no sentido da *Spaltung* freudiana, como divisão da personalidade psíquica, e também no da noção de *verdadeiro self* proposta por Winnicott.

Do ponto de vista clínico, embora os pacientes possam não ter plena consciência disso, considero que os analistas somos convocados como especialistas em detectar e saber remover os obstáculos que impedem o desdobramento do sujeito inconsciente.

Como ficou exposto na segunda metade da sequência "Mesmidade e outridade", nosso mundo mental não incluiria apenas objetos, conforme a proposta do quadro psicanalítico em geral. Mas, como uma extensão da metapsicologia clássica, os outros também ficariam inscritos na vida psíquica na sua condição de outros. Desse modo, o conteúdo do mental estaria conformado por cenas nas quais o sujeito e os outros seriam habitantes naturais e protagonistas do psíquico por direito próprio.

São nossos outros significativos que nos colocam em um "lugar" como sujeitos, fato que supõe tanto subjetividade como sujeição a eles. A instalação "em excesso" exige estar ancorado a certa posição sujeito e a determinados outros. Trata-se de um "lugar no mundo" a partir do qual outorgamos sentido aos intercâmbios intersubjetivos.

Da perspectiva vincular que estou utilizando, penso a *repetição* como consequência e efeito das ancoragens subjetivas. São um pensar e agir, de modo sistemático, a partir de "um lugar".

O sujeito inconsciente está sempre ativo e costuma ficar dirimido nas relações interpessoais. Quando um paciente começa uma análise, o sujeito inconsciente irá emergir por intermédio do "processo analítico", a partir do qual "falará" com suas palavras e ações em sessão. Não será em forma estática, mas dinâmica, ao estilo de um carrossel. Penso que a psicanálise trabalha desse modo, visto que, em função das propostas que os pacientes nos trazem, às vezes temos de encarnar algum outro significativo ou o próprio sujeito.

Considero a realização da tramitação psíquica em dois tempos. Inicialmente, levada a cabo por meio dos atos transferenciais com o analista. E, só em um segundo momento, as colocações em ação poderão ser abrangidas mediante o pensamento reflexivo.

Como as cenas repetidas em transferência têm argumentos e personagens, a precondição para a *mudança psíquica* ocorrerá quando os pacientes, encarnando o "outro", conseguirem nos colocar em "seu lugar". A modificação psíquica será então efeito da apropriação subjetiva de um fazer diferente do analista que contraste com aquilo que o paciente já teve e em que ficou instalada vivencialmente a cena repetitiva. O fato de se apropriar desse "fazer diferente" vai permitir, junto com a desancoragem e a mudança que acarreta, que a cena se desarticule e perca a vigência. Saliento que essa apropriação não é uma nova identificação, dessa vez com o analista. Trata-se de o paciente, sob o efeito transferencial, conseguir a desancoragem do lugar do qual participava da cena.

Sublinho assim um aspecto central a ser considerado. Os pacientes não estão em condições de realizar uma mudança subjetiva por si próprios, por exemplo, refletindo sobre o lugar da sua ancoragem ou mediante compreensões a partir do processo secundário. Considero-o assim porque a cena também inclui o outro, razão pela qual será necessário que se "encarnem" ambos os personagens. O "fazer do outro", para desativar a repetição e favorecer a mudança subjetiva, tem valor fundamental.

Finalmente, proponho que a mudança psíquica é realizada em transferência, mediante determinado "fazer" do analista. E que o paciente tem de conseguir se apropriar desse agir diferente, em "cena", a serviço da mudança subjetiva.

Estou convicto de que se trata disso!

Referências

Aulagnier, P. (2001). *La violencia de la interpretación. Del pictograma al enunciado*. Buenos Aires: Amorrortu. (Publicado originalmente em 1975).

Baranger, W. (1971). *Posición y objeto en la obra de Melanie Klein*. Buenos Aires: Kargieman.

Baranger, W. (1980). *Aportaciones al concepto de objeto en psicoanálisis*. Buenos Aires: Amorrortu.

Barenstein, N. et al. (1999). El proceso de subjetivación en nuestros días. *Revista del Ateneo psicoanalítico*, 2.

Berenstein, I. (2001). *El sujeto y el otro. De la ausencia a la presencia*. Buenos Aires: Paidós.

Berenstein, I., Puget, J. (1997). *Lo vincular. Clínica y técnica psicoanalítica*. Buenos Aires: Paidós.

Borensztejn, C. L. (2009, mar.). El enactment como concepto clínico convergente de teorías divergentes. *Revista de Psicoanálisis de la Asociación Psicoanalítica Argentina*, 66(1).

Borges, J. L. (1955) Prólogo. In R. Bradbury, *Crónicas marcianas*. Buenos Aires: Minotauro.

Busch, F. (2009). ¿Es posible hacer pasar un camello por el ojo de una aguja? Reflexiones sobre la forma en que nos habla el inconsciente. *Revista de Psicoanálisis de la Asociación Psicoanalítica Argentina*, *66*(1).

Cassorla R. M. S. (2010). Del baluarte al "enactment": el "no-sueño" en el teatro del análisis. *Revista de Psicoanálisis, 67*(1), 137-161.

Eidelsztein, A. (1995). *Modelos, esquemas y grafos en la enseñanza de Lacan*. Buenos Aires: Letra Viva.

Eloe, M. G. (1998, 4 dez.). Psicoanálisis y cura. *XXXVIII Congresso Nacional de Psicanálise da Associação Psicanalítica Mexicana*, Universidad Iberoamericana, México, D.F.

Freud, S. (1890). Tratamiento psíquico (tratamiento del alma). In S. Freud, *Obras Completas* (Vol. I). Buenos Aires: Amorrortu.

Freud, S. (1893-1895). Estudios sobre la histeria (Breuer y Freud). In S. Freud, *Obras Completas* (Vol. II). Buenos Aires: Amorrortu.

Freud, S. (1896). La etiología de la histeria. In S. Freud, *Obras Completas* (Vol. III). Buenos Aires: Amorrortu.

Freud, S. (1900). La interpretación de los sueños. In S. Freud, *Obras Completas* (Vol. IV). Buenos Aires: Amorrortu. (Publicado originalmente em 1899).

Freud, S. (1905a). Fragmento de análisis de un caso de histeria. In S. Freud, *Obras Completas* (Vol. VII). Buenos Aires: Amorrortu. (Publicado originalmente em 1901).

Freud, S. (1905b). Tres ensayos de teoría sexual. In. S. Freud, *Obras Completas* (Vol. VII). Buenos Aires: Amorrortu.

Freud, S. (1912). Dinámica de la transferencia. In S. Freud, *Obras Completas* (Vol. XII). Buenos Aires: Amorrortu.

Freud, S. (1914). Recordar, repetir y reelaborar. In S. Freud, *Obras Completas* (Vol. XII). Buenos Aires: Amorrortu.

Freud, S. (1915a). Pulsiones y destinos de pulsión. In S. Freud, *Obras Completas* (Vol. XIV). Buenos Aires: Amorrortu.

Freud, S. (1915b). Lo inconciente. In S. Freud, *Obras Completas* (Vol. XIV). Buenos Aires: Amorrortu.

Freud, S. (1920). Más allá del principio del placer. In S. Freud, *Obras Completas* (Vol. XVIII). Buenos Aires: Amorrortu.

Freud, S. (1923). El yo y el ello. In S. Freud, *Obras Completas* (Vol. XIX). Buenos Aires: Amorrortu.

Freud, S. (1933). Nuevas conferencias de introducción al psicoanálisis (31ª conferencia. La descomposición de la personalidad psíquica). In S. Freud, *Obras Completas* (Vol. XXII). Buenos Aires: Amorrortu. (Publicado originalmente em 1932).

Freud, S. (1937). Análisis terminable e interminable. In S. Freud, *Obras Completas* (Vol. XXIII). Buenos Aires: Amorrortu.

Freud, S. (1940). Esquema del psicoanálisis. In S. Freud, *Obras Completas* (Vol. XXIII). Buenos Aires: Amorrortu. (Publicado originalmente em 1938).

Freud, S. (1950). Proyecto de psicología. In S. Freud, *Obras Completas* (Vol. I). Buenos Aires: Amorrortu. (Publicado originalmente em 1895).

Green, A. (1993). ¿Una sesión interactiva? *Revista de Psicoanálisis de la Asociación Psicoanalítica Argentina*, *50*(4/5).

Green, A. (1996). *La metapsicología revisitada*. Buenos Aires: Eudeba.

Green, A. (1998-1999). La representación y lo irrepresentable. *Revista de Psicoanálisis de Asociación Psicoanalítica Argentina*, 6.

Green, A. (2007). Repetition compulsion and the pleasure principle. Special lecture for the IPA Congress, Berlin.

Héraclès, P. (1984). *Le petit macho de poche.* Paris: Le Cherche Midi.

Krakov, H. (2001a). El mundo vincular y la clínica psicoanalítica. In J. Puget (comp.), *La pareja y sus anudamientos. Erotismo-Pasión-Poder-Trauma* (Cap. 1). Buenos Aires: Lugar Editorial.

Krakov, H. (2001b). Método psicoanalítico y clínica vincular. 42° IPA Congress, Nice. *Revista Psicoanálisis* (APdeBA), *23*(1).

Krakov, H. (2004). Referentes teóricos y clínicos en psicoanálisis de pareja. *Revista Psicoanálisis* (APdeBA), *26*(3).

Krakov, H. (2005). *Mismidad y Otredad. Categorías teóricas de una metapsicología ampliada.* Recuperado de www.hectorkrakov.com

Krakov, H. (2007). El hallazgo freudiano y su potencia en la clínica psicoanalítica actual. *Revista Psicoanálisis* (APdeBA), *29*(1).

Krakov, H. (2008). Acerca de la noción de mudanza subjetiva. Exploración conceptual desde una metapsicología ampliada. *Revista de la Asociación Argentina de Psicología y Psicoterapia de Grupo*, *21*(1).

Krakov, H. (2009). Jazmín y Roberto. Mudanza subjetiva y dispositivo analítico vincular. 46° IPA Congress, Chicago.

Krakov, H. (2010a). Estudio sobre el concepto de *Agieren. Revista de Psicoanálisis, 67.*

Krakov, H. (2010b). Compulsione ripetitiva e rimemorazioine nel dispositivo analítico. *Psicologia e Psicoterapia* (Collana Sirpidi), Roma.

Krakov, H. (2015a). *Anclaje subjetivo en pacientes tratados psicoanaliticamente en pareja.* (Tese de doutorado). Universidad del Salvador. Buenos Aires.

Krakov, H. (2015b). Resistencias de vincularidad. In Asociación Psicoanalítica Argentina, *Diccionario de Psicoanálisis Argentino* (Vol. II) Buenos Aires: Antigua.

Krakov, H. (2016). *Temas de pareja. Conflictos-Hallazgos-Propuestas.* Buenos Aires: Psicolibro.

Krakov, H., Pachuk, C. (1998). Tres espacios psíquicos. In *Diccionario de Psicoanálisis de las Configuraciones Vinculares.* Buenos Aires: Del Candil.

Lacan, J. (1964). *Los cuatro conceptos fundamentales del psicoanálisis. Seminario 11.* Buenos Aires: Paidós.

Lacan, J. (1971). El estadio del espejo como formador de la función del yo tal como se nos revela en la experiencia psicoanalítica. In J. Lacan, *Escritos I.* Buenos Aires: Siglo Veintiuno.

Lacan, J. (1977). *Hacia un significante nuevo. Seminario 24* (Biblioteca J. Lacan). Buenos Aires: Clase 13.

Lacan, J. (1984). *Función y campo de la palabra y del lenguaje.* Libro III. Las psicosis. Barcelona: Paidós. (Publicado originalmente em 1955-56).

Lacan, J. (1992). *La cura psicoanalítica tal como es.* Colección Orientación Lacaniana. Buenos Aires: EOL.

Lacan, J. (2006). *La angustia. Seminario 10.* Buenos Aires: Paidós. (Publicado originalmente em 1962-1963).

Lerner, H, & Sternbach, S. (comp.) (2007). *Organizaciones fronterizas: fronteras del psicoanálisis.* Buenos Aires: Lugar Editorial.

Meltzer, D. (1974). *Estados sexuales de la mente.* Buenos Aires: Kargieman.

Meltzer, D. (1976). *Proceso psicoanalítico*. Buenos Aires: Hormé.

Nasio, J. D. (2017). *¡Sí, el psicoanálisis cura!* Buenos Aires: Paidós.

Pachuk, C, Friedler, R. (comp.) (1998). *Diccionario de psicoanálisis de las configuraciones vinculares*. Buenos Aires: Del Candil.

Puget, J. (1986). Violencia social y psicoanálisis: lo impensable y lo impensado. *Revista Psicoanálisis*, *8*(2-3).

Puget, J. (1987a). El contexto social. En busca de una hipótesis. *Congreso Internacional de Psicoanálisis*, Montreal.

Puget, J. (1987b). Qué es material clínico para el psicoanalista. Los espacios psíquicos. *Revista Psicoanálisis*, *10*(3).

Puget, J. (1988). Formación psicoanalítica de grupo. Un espacio psíquico o tres espacios ¿son superpuestos? *Revista de la Asociación Argentina de Psicología y Psicoterapia de Grupo*, *12*(1).

Puget, J. (1995). Vínculo-relación objetal en su significado instrumental y epistemológico. *Revista Psicoanálisis*, *17*(2).

Verón, E. (1996). *La semiosis social*. Barcelona: Gedisa.

Wisdom, J. O. (1963). Comparación y desarrollo de las teorías psicoanalíticas de la melancolía. *Revista Uruguaya de Psicoanálisis*.

GRÁFICA PAYM
Tel. [11] 4392-3344
paym@graficapaym.com.br